U0597536

"三峡学者文库"编委名单

主　编：

郭作飞　　王志清

编委会：

陈会兵　曾　毅　申载春　李　俊

林辉春　赖永兵　李朝平

后稷传说

HOUJI CHUANSHUO

的

多元化叙事与选择性记忆

——关中、晋南地区后稷文化的民俗学考察

王志清 / 著

四川大学出版社

项目策划：徐　凯
责任编辑：徐　凯
责任校对：毛张琳
封面设计：墨创文化
责任印制：王　炜

图书在版编目（CIP）数据

后稷传说的多元化叙事与选择性记忆：关中、晋南
地区后稷文化的民俗学考察 / 王志清著. 一 成都：四
川大学出版社，2019.11
　（三峡学者文库 / 郭作飞，王志清主编）
　ISBN 978-7-5690-3208-6

　Ⅰ．①后… Ⅱ．①王… Ⅲ．①神话－研究－中国
Ⅳ．① B932.2

中国版本图书馆 CIP 数据核字（2019）第 273572 号

书名　　后稷传说的多元化叙事与选择性记忆
　　　　——关中、晋南地区后稷文化的民俗学考察

著　　者	王志清
出　　版	四川大学出版社
地　　址	成都市一环路南一段 24 号（610065）
发　　行	四川大学出版社
书　　号	ISBN 978-7-5690-3208-6
印前制作	四川胜翔数码印务设计有限公司
印　　刷	郫县犀浦印刷厂
成品尺寸	148mm×210mm
印　　张	9.125
字　　数	195 千字
版　　次	2020 年 6 月第 1 版
印　　次	2020 年 6 月第 1 次印刷
定　　价	52.00 元

版权所有 ◆ 侵权必究

◆ 读者邮购本书，请与本社发行科联系。
　电话：(028)85408408/(028)85401670/
　(028)86408023　邮政编码：610065
◆ 本社图书如有印装质量问题，请寄回出版社调换。
◆ 网址：http://press.scu.edu.cn

四川大学出版社
微信公众号

"三峡学者文库"出版说明
（总序）

中国语言文学是重庆三峡学院历史最悠久的学科之一。经过长期的建设与发展，本学科已积累了较为深厚的研究基础，成为重庆市高校"十三五"重点学科，其中中国古典文献学为重庆市立项建设重点学科，汉语言文学本科专业为重庆市特色专业建设点，其中师范专业为重庆市首批"专业综合改革试点"专业。2014年7月本学科正式获批新增硕士学位一级学科授权点，汉语言文字学、中国古典文献学、中国古代文学、中国现当代文学4个方向开始招收硕士研究生。本学科2014年申报了学科教学（语文）专业硕士学位，于2015年开始正式招生。

本学科有一支职称高、学历高，年龄、学缘结构合理，具有较强科研能力的学术队伍。其中有教授11人、副教授18人、博士16人（另有在读博士2人）；有重庆市名师1人，重庆市高校优秀中青年骨干教师2人，外聘兼职教授19人，硕士研究生导师15人（含兼职）。队伍成员大多毕业于"985""211"高校，受到了严格的学术训练，有较为深厚的中国语言文学理论基础和研究素养，在各自的研究领域均取得了不少研究成果。部分教师先后与西南大学、东南大学、四川外国语大学等合作，开展联合招收硕士研究生培养工作，已招收培养硕士研究生 50余人，积累了丰富的硕士研究生培养经验。

经过长期积累，本学科已在古代文学与古典文献研究、汉语本体及其应用研究、现当代文学与文艺理论研究等方面取得了较为丰硕的成果。何其芳研究、三峡方志文献研究、夔州诗研究等具有鲜明的地域特色，在国内外产生了较大影响。近年来本学科共主持国家社科基金项目13 项，教育部委等部级项目 14 项，其他项目 100 余项；出版著作 47 部；发表论文 540 多篇，其中发表在重要刊物上的有 31 篇，发表在 CSSCI 及核心刊物上的有 178篇；获重庆市社科优秀成果二等奖 2 项，三等奖 6 项，全国优秀古籍图书二等奖 1 项。

本学科现有重庆市人文社科重点研究基地 1 个，市级学会 1 个，校级科研创新团队 2 个；校级研究所 4 个，研究工作室 4 个；建有学科专业图书资料中心 1 个，藏有《四库全书》《敦煌文书》等大型纸质图书资料 30 余万册，电子图书 100 余万种，学科中外文现刊 30 多种。

本校开通有 CNKI 中国知网、维普中文期刊数据库、万方数据库等及 10 余种试用的电子资源和数据库，校园网络畅通，能方便查询检索资料。

本校已与德国波恩大学、法国国家科学研究中心、日本圣泉大学、美国丹佛社区大学、中国社会科学院、北京大学等建立了密切的联系，能为学生参加国际国内学术会议、培养国际学术视野提供便捷的交流平台。

为了进一步加强市级重点学科中国语言文学和硕士点的建设，展示和提升学科科研实力和科研水平，本学科现启动"三峡学者文库"的资助出版工作。该出版工作重点资助汉语言文字学、中国古典文献学、中国古代文学、中国现当代文学等方向以及三峡文化研究方向的特色成果，计划出版 15 部具有原创性、前沿性的学术专著，由四川大学出版社统一编辑，分批次出版。

"三峡学者文库"由市级重点学科下拨经费及学校配套经费资助，学校各级领导高度重视，文学院专门成立了"三峡学者文库"编委会，学科成员积极响应、热情参与。本丛书的出版得到了四川大学出版社的大力支持，徐凯编辑为丛书的出版付出了辛勤的劳动，在此一并致谢！

"三峡学者文库"编委会

2018 年 1 月

目　录

绪　论

本书以田野调查为基础，以山西晋南、陕西关中两个区域的后稷传说传承现状为研究对象，综合运用民俗学、文献学、历史人类学、民间文艺学等学科的相关理论，具体分析后稷传说写本与故事讲述事件的一系列个案，在文化相对论的意义上探讨后稷传说的当代传承形态以及与之相关的民俗活动，目的在于探讨当代后稷传说的知识生产过程与当地文化持有者的历史记忆的关系，相对系统地揭示出当地文化持有者传承后稷传说所作的"合宜"选择。关注他者对自己文化的理解是本书的理论基调，研究过程中笔者注重聆听当地文化持有者对如何传承后稷传说的解释，探讨并剖析后稷传说变异传承的现实成因。强调当代传承的后稷传说对当地文化持有者的历史价值与心态史意义是本书的出发点和落脚点。

一、研究意义

本书通过田野调查和民俗志记录，在特定地域内研究后稷传说的当代传承状态，注重分析传说的结构与现实成因，是一种传说研究的民俗学实践。这种实践不仅关注传说的文本形态，而且重在发掘当地文化持有者由传说所织造的关系和意义网络，从而为传说的地域研究提供一种学科方法的借鉴。

后稷文化圈的各个区域将后稷传说作为地方的标志性文化。作为文化资源的存在形态，后稷传说既符合传说内在的逻辑发展，又充分体现了现代社会各种力量交织作用下的文化建设。因此，本书对探索传统文化与现代社会的有机契合具有积极的参考价值。

当下的后稷传说是由民间信仰、文物遗迹、民俗旅游等各类事项构成的一个有机整体，持续焕发着生命力。后稷传说是从上古传承至今的文化遗产，在特定区域中挖掘其文化精神，对于深入理解中国传统文化、弘扬民族精神、构建和谐社会、建设美丽中国都具有深远意义。

二、相关研究回顾

因为本书探讨的是后稷传说传承与历史记忆的关系，所以后稷文化研究、传说学研究、历史人类学研究等相关成果是本研究得以开展的基础。下面将对国内外文献学、民俗学、历史人类学等不同领域的相关研究成果进行回顾总结，并根据本书的研究需要加以梳理和评述。

（一）后稷文化的相关研究

曹书杰的《后稷传说与稷祀文化》[①] 一书是后稷研究

---

① 曹书杰：《后稷传说与稷祀文化》，北京：社会科学文献出版社，2006 年版。

的里程碑之作，该书不仅从文献学的角度提供了后稷传说与后稷文化的系统资料，而且提供了对后稷文化、后稷传说进行整体认识的途径。该书的研究表明，后稷传说作为一种神圣叙事，体现的是古代政治、宗教的叙事规范，围绕着后稷的神圣叙事都具有极其鲜明的神化祖先、凝聚族人、强化王权的政治动机，证明王族的神圣与政权的合法则是其内含的价值取向，后稷传说属于典型的自成系统的人文神话。该书提出后稷具有人神叠合的二重性特点，其传说介于历史与神话之间，一方面，后稷作为周人记忆中的祖先，有着深厚的历史传说性质，具有浓厚的历史的影子；另一方面，后稷作为文化英雄，又有着神奇的孕生过程和超人的政治武功，具有深厚的文化意蕴。

　　该书表明，后稷传说的生成和演变是一个动态的过程。后稷传说原型的核心内容或者说基本文化特征是同一的，但由于文献成书的时代和文献记录的来源的不同，传说的记录者、整理者、传播者及其目的、动机的不同，因而形成了不同时代、不同系统、不同动机的传说文本。古籍注释往往根据个人的理解随文释义，任意发挥；不同学派之间又相互攻击；史家多整合前人的诸多记载和释文；谶纬家则借题发挥并使之神秘化，结果导致了众说纷纭的局面。作为农业社会最重要的神圣叙事和祭祀活动，一方面，后稷传说和后稷文化一直处于不断的发展演变中，从而拥有了一个庞杂的文本体系；另一方面，后稷传说和后稷文化吸引了古今中外各种知识背景的学者的关注，他们对相关文献的钩稽、推演，构成了一个错综复杂的知识体系。曹书杰为了处理复杂的后稷传说资料，采取了两个办法：一是尽量避免神话和历史混淆，二是尽量明确文献记述上的原点和演变过程。为了尽可能地辨析后稷传说和稷祀文化的历史生成，他遵循了以下五种方式：一是疑者存疑，重在指陈异同；二是考镜源流，展示主要演变过程；三是借助现代知识，解释早期传说；四是列举假说，辨析产生背景；五是列举依托，说明原委。在这些原则的指导下，曹书杰对后稷的传说形态、文化形态以及其学术层面的演变、发展过程作了系统详尽的梳理，如为了解释后稷传说中的历史背景，作者对后稷的时代、地望、族属、职事等问题进行了探讨，是关于后稷起源传说的学术研究大总结。

该书是笔者研究后稷传说当下传承状态的重要参考。笔者通过田野考察研究后稷传说的传承现象，重点探讨后稷传说的现代展演过程。笔者采用曹书杰所提出的"辨析主观真实与历史真实关系"的观点，并将该观点进行概括提炼，称之为"主观真实与历史真实框架"，用于分析后稷传说讲述者的观念结构。

本书继续沿用曹书杰所用的"传说"这一广义概念。根据从古至今的后稷传说传承的实际情况，后稷事迹存在着神话、传说与故事等多种表达，彼此有许多重叠的空间，很难截然区分，因此行文中统称为"传说"。"神话""传说""故事"等提法在本书中均会出现，具体释义需要根据上下文的叙述背景进行理解。

（二）传说学的相关研究

柳田国男在《传说论》①一书中阐发了许多精辟的见解，这部民俗学经典著作以对立范畴的两极之间为叙述空间，展示了传说属性的复杂性和历史变迁。柳田国男在传说与历史、文学体裁的昔话（故事）的对比中，提炼了传说的特点，同时也涉及了传说的地方性特征，并根据当时西方的"文化圈"理论，提出了"传说圈"，用以借指一个个流行着传说的处所。本书参考了柳田国男的观点，界定了"传说"的概念范畴，并将后稷传说的流传区域命名为"后稷文化圈"。

学者陈泳超提出了"民间传说演变的动力学机制"②问题，认为任何一个活态传说在其实际生长的时空框架内的每一次变化都有其现实动机。在特定的文化圈内，传说演变的动力系统对应着丰富的人群层次，这些人群层次相互交织，形成了某种结构性的动力机制，而其主导力量即是当地松散的、非实体的但明确存在着的"民俗精英群"。这一群体可以随着时代、区域关系等范畴的变化而变化，它对本地内部传说演变的作用可大可小，但从宏观上看，它引领着地方传说的演变方向。区域性、时代性与阶层性的解剖视角，以及民俗精英对传说的主导作用，构成了传说动力学的主导模型。陈泳超的学术贡献在于将传统民间

---

① ［日］柳田国男：《传说论》，连湘译，北京：中国民间文艺出版社，1988年版。

② 陈泳超：《民间传说演变的动力学机制——以洪洞县"接姑姑迎娘娘"文化圈内传说为中心》，载于《文史哲》，2010年第2期。

文学研究的"变异性"特征置于场域中予以重新审视,本书所采用的"异文"概念基本遵循了传说动力学机制的主导模型。目前民俗学界的传说学研究大致有两种不同的学术取向:"一是侧重于传说本身(text),它将收集到的传说文本在某种意义上视为静态的孤立的文本,对其主要进行了形态学研究,重在分析传说的类型、母题、情节、原型等;二是侧重于传说的讲述情境(context)。它是在实地调查的基础上,将传说置于其生发的文化场景中进行动态的立体分析,关注传说产生的场景。传说在特定群体中生活的功能,讲述人、传承人、讲述场景、讲述方式与讲述内容均在其视野之内。"① 笔者在考察后稷传说的实际传承过程中,对传说的内外部研究两方面都进行了传说动力学视角的观照。

在传说与历史的关系方面,民俗学家万建中在《民间传说的虚构与真实》② 一文中详细分析了传说与历史的关系,认为传说是民间群体通过自己的方式建构的地方历史。作者在分析传说人物的生成时,提出民间运用了"塑造典型人物"的手法,各民族民间传说中的历史人物都与真正的历史人物大有出入。传说中的历史人物经过了概括、虚构,成为具有夸张、想象成分的艺术典型。同时,该文认为,作为民众的集体记忆,传说是一种被建构的真实。尽管许多民间传说和神话故事的具体情节或者人物都

---

① 岳永逸:《乡村庙会传说与村落生活》,载于《宁夏社会科学》,2003 年第
4 期。
② 万建中:《民间传说的虚构与真实》,载于《民族艺术》,2005 年第 3 期。

有可能是虚构的，但是它们所表现出来的历史情景与创作者、传播者以及改编者的心态与观念却是真实存在的，而我们所要了解的正是这种记忆得以存在、流传的历史情境。本书在处理后稷传说与历史的关系方面，采用了万建中的学术观点。

在传说与历史记忆方面，王明珂在《历史事实、历史记忆与历史心性》① 一文中对历史事实与历史记忆进行了深度剖析，认为"历史记忆研究不是要解构我们既有的历史知识，而是以一种新的态度来对待史料——将史料作为一种社会记忆遗存。然后，由史料分析中，我们重新建构对'史实'的了解。我们由此所获知的史实，不只是那些史料表面所陈述的人物与事件；更重要的是由史料文本的选择、描述和建构中，探索其背后所隐藏的社会与个人情境（context），特别是当时社会人群的认同与区分体系"。赵世瑜在《传说·历史·历史记忆——从 20 世纪的新史学到后现代史学》② 一文中，将口头传说与历史文献都看作历史记忆的不同表述方式，他认为应该关注传说文本反映的社会舆论、造成这种社会舆论的历史动因以及后人对此的历史记忆。受两位学者历史人类学研究方法的影响，笔者将当下传承的后稷传说理解为当地文化持有者关于自身所在区域的历史记忆。

---

① 王明珂：《历史事实、历史记忆与历史心性》，载于《历史研究》，2001 年第 5 期。

② 赵世瑜：《传说·历史·历史记忆——从 20 世纪的新史学到后现代史学》，载于《中国社会科学》，2003 年第 2 期。

历史学家陈春生、陈树良发表了《乡村故事与社区历史的建构——以东凤村陈氏为例兼论传统乡村社会的"历史记忆"》①一文,其以一个具体村落的传说为例,认为乡村故事蕴含了有关地域社会历史背景、乡村内部关系、村际关系以及乡民日常生活等多方面的信息,包含着人们对社区历史的集体记忆,对这些故事和传说进行解析的过程实际上也是重新建构乡村历史的过程。受该文启发,笔者将后稷传说的当代传承定位为当地文化持有者自己的文化建构。

三、研究方法与资料来源

在田野调查方面笔者参考了杨利慧倡导的综合研究法②,"综合研究法"(Synthetic Approach)吸收了表演理论以及其他神话学和民间叙事学理论的长处,同时又立足我国本土实际,是适合我国民间叙事(包括神话)研究的方法。这一方法主张在研究现代口传神话时,把我国学者注重长时段的历史研究的长处和表演理论注重"情境性语境"(the situated context)和具体表演时刻(the very moment)的视角结合起来,把静态的文本阐释与动态的交流和表演过程的研究结合起来,把对集体传承的研究与对个人创造力的研究结合起来。

---

① 陈春生、陈树良:《乡村故事与社区历史的建构——以东凤村陈氏为例兼论传统乡村社会的"历史记忆"》,载于《历史研究》,2003 年第 5 期。
② 杨利慧等:《现代口承神话的民族志研究——以四个汉族社区为个案》,西安:陕西师范大学出版总社有限公司,2011 年版,第 31 页。

在一系列的后稷传说故事讲述事件过程中，笔者遵循巴莫曲布嫫提出的"田野研究的'五个在场'"①，具体运用深度访谈、半结构式访谈等定性研究方法，并辅之以少量定量方法，进行资料的搜集、整理与分析。资料主要来自两个方面：一是田野资料，二是文献资料。2010 年 9 月 13 日至 2010 年 9 月 23 日，笔者在陕西省武功县、岐山县，山西省稷山县等区域进行实地考察。田野资料均来自此次实地调查，田野笔记共记录文字 10 万余字，拍摄照片 200 余张，涉及访谈案例 10 个，访谈对象 30 人次。

在田野作业过程中，既有经验层面的参与观察、访谈，也有表述层面的话语分析、文本解读。由于本书研究后稷传说在当下的知识生产，书中对地方志文献和地方文化学者作品的分析亦占据了一定的篇幅。这种分析不同于单纯的文献综述，笔者希望完整地呈现出一个学术概念（例如后稷传说的选择性记忆与现代民间阐释）的知识生产轨迹。

在田野作业的伦理道德与学术规范方面，笔者对不愿透露姓名的被访谈者进行了匿名处理。本书所引用的口述资料均来自笔者的实地调查，对所引用、转述的被访谈者的言论内容承担全部责任。

---

① "五个在场"：史诗传统的在场、表演事件的在场、演述人的在场、受众的在场以及研究者的在场。参见廖明君、巴莫曲布嫫：《田野研究的"五个在场"——巴莫曲布嫫访谈录》，载于《民族艺术》，2004 年第 3 期。

第一章 传统与现实：
旅游情境下的后稷感生传说

本书采用"后稷文化圈"的概念，该文化圈概念遵循并采用弗里茨·格雷布内尔（Fritz Graebner, 1877—1934）的早期说法，将文化圈视为某些文化因素和文化物质相对密集分布的一个地理空间，这些文化因素包括物质文化和精神文化两个方面。① 陕西的岐山县、扶风县、杨凌区、武功县，山西的稷山县、新绛县、闻喜县、绛县、万荣县等都是有后稷文化遗迹与传说的区域。每个传说流传的地区或范围叫作"传说圈"。"其传说圈都必然受到传说中历史人物在民间传承中影响的大小所支配，使传说圈不仅具有地理分布特点，更重要地具备人文历史特点。"② 后稷传说的传承是一种过程叙事，传承过程既离不开历史的积淀，也不能脱离具体语境。完整的传说叙事包括三个方面：语言叙事、物象叙事与行为叙事。后稷传说主要通

① 参见夏建中：《文化人类学理论流派：文化研究的历史》，北京：中国人民大学出版社，1997年版，第55~63页。
② 乌丙安：《论中国风物传说圈》，见《民俗文化新论》，沈阳：辽宁大学出版社，2001年版，第332页。

过书面记录和口头叙事两种形式呈现，无论是历史上的文献记载，还是当下的口头表达，两者都属于传说的语言叙事。物象叙事与行为叙事主要体现在传说的衍生形态方面，后稷传说的活态传承与后稷文化圈内的民俗生活结合共生，借助于具体的碑碣、建筑、地方戏剧、求子仪式等载体进行展演。

本章讨论后稷文化圈内周公庙、稷王庙等区域当下流传的后稷传说，重点讨论后稷感生传说在旅游情境中的生成过程，即传说的现代展演。当下旅游经济的兴盛为神话、传说等故事讲述提供了新的空间，如火如荼的文化旅游促使一些地方景观的导游成为新时代的职业故事讲述人，周公庙、稷王殿等人文景观也吸引着八方游客。姜嫄、后稷等名人传说通过导游的讲述在该区域传承，后稷感生传说的传播和表演是结合在一起的，导游的每一次表演都构成了一个讲述事件。特定的时间与场所、导游讲述的内容与形式，包括听众与研究者在内的参与者以及后稷文化的文化背景等共同构成了一个特定的表演舞台。① 整个讲述事件表现为以讲述传说为纽带的个人与个人、个人与社会的多向互动，这种互动体现了传说意义的再创造，以及各种权力关系在表演过程中的交织与协调。后稷感生

---

① "处于生活状态中的民间文学包括文本（text）、表演情境、特定的时间和地点、伴随事件（行为）、表演者和观众、表演功能等等，鲍曼把这些因素概括为三个层次：被叙述的事件、叙述的文本和叙述的事件；换句话说，就是演说过程中伴随发生的事件、文本和语境（context）。"参见万建中：《民间文学引论》，北京：北京大学出版社，2006 年版，第 74 页。

传说如何在旅游情境中通过表演得以呈现与构建？导游的讲述具有什么样的类型化特点？讲述事件的组织过程如何？是什么因素造就了后稷感生传说当下的呈现形态？上述问题可通过"综合研究法"① 探寻答案。

第一节　周公庙碑刻文本建构的物象叙事

陕西省岐山县是周文化发祥地，2006 年，周公庙被国务院公布为第六批全国重点文物保护单位。当地推出"周文化寻根游"的旅游宣传口号，周公庙也成了当地著名旅游景点之一。周公庙，古称周公祠，位于陕西省岐山县城西北 7 千米处，是一座三面环山的千年古刹，现存建筑为明清时扩建，占地 918 亩，建筑宏伟庄严，主殿有周公旦、召公奭、太公望、姜嫄、后稷、郊禖、玉皇等殿宇 70 多间，另有玄武、药王、菩萨、三清、八仙等神洞 20 余孔。周公庙现存古建筑大多为清代和民国时期重修，共 30 余座，100 余间，建筑面积 3000 多平方米。整个建筑遵循中国古建筑的传统法则，依山就势，对称布局，主要建筑大多位于中轴线上，其他建筑或左右对称，或相地而建，既有宗庙的庄严肃穆，又能与地势有机结合，错落有致。总体来看，周公殿、召公殿、太公殿为主居前，姜嫄殿、后稷殿为辅居中、居后，东庵、北庵、西庵拱卫环绕，八卦亭、碑亭、魁星楼等点缀其间，相映生辉，形成

---

① 杨利慧等：《现代口承神话的民族志研究——以四个汉族社区为个案》，西安：陕西师范大学出版总社有限公司，2011 年版，第 31 页。

"姜嫄背子抱孙"的有趣格局。

周公庙建筑群有两条中轴线：第一条为山门、乐楼、八卦亭、周公正献殿的中心线；第二条为碑亭、姜嫄正献殿、后稷正献殿的中心线。主要建筑有：

（1）碑亭，位于周公殿东北，为第二中轴线上的领头建筑，清咸丰年间修建，歇山式，平面近正方形，占地36平方米。1986年修葺一新，亭下竖立清代和民国时期石碑10通。

（2）姜嫄正献殿：位于碑亭后的第二级平台上，清代创修。1992年重修，硬山式，面阔三间，两侧各有一垂花门。对联为"培斯世奇男异女，育周家圣子贤孙"。姜嫄正殿位于献殿后，元代创修，现存建筑为清代同治年间所修，硬山式，面阔五间。殿内原有塑像及壁画，姜嫄居中，左右配祀太姜、太任、太姒、邑姜等周人女性祖先。现仅有新塑姜嫄像，壁画仅存山墙顶端部分。姜嫄正殿对联为"庙貌枚枚拟閟宫，神灵赫赫绵瓜瓞"。

（3）后稷正献殿：位于姜嫄殿后第三级平台上，明代创修，现存建筑为1985年维修，卷棚式，面阔三间。正殿有后稷塑像，太伯、仲雍、王季配祀左右。献殿楹联为"教稼穑诚宜称后，明农功即可名官"。后稷殿西侧窗户上的告示牌载有《史记·周本纪》中后稷诞生的部分文字："周后稷，名弃，其母有邰氏女，曰姜嫄，姜嫄为帝喾元妃。姜嫄出野，见巨人迹，心忻然悦，欲践之。践之而身动，如孕者。居期而生子，以为不祥，弃之隘巷，马牛过者，皆辟不践。徙置之林中，适会山林多人。迁之，而弃

渠中冰上，飞鸟以其翼覆荐之。姜嫄以为神，遂收养长
之。初欲弃之，因名曰弃。"①

周公庙各处矗立着 30 余处历代碑碣，碑碣群构成了

---

① 告示牌仅载录《史记·周本纪》中的后稷诞生部分，在解说过程中导游主
要讲述的是农业事功部分。《史记·周本纪》中的农业事功部分内容辑录如下：
"弃为儿时，屹如巨人之志。其游戏，好种树麻、菽，麻、菽美。及为成人，遂好
耕农。相地之宜，宜谷者稼穑焉。民皆法则之。帝尧闻之，举弃为农师，天下得
其利，有功。帝舜曰：'弃，黎民始饥，尔后稷播时百谷。'封弃于邰，号曰后稷，
别姓姬氏。"

关于司马迁在《史记》中载录的感生神话当下学界多有论述，列举两例予以
辨析说明：

"本节所录，又是一段历史化的神话。因为比较完整，又是散文的记叙，所以
采录了。其实若是研究有关后稷的神话，还须参考其他的材料。例如《诗·生民》
说他'先生如达'，初生下来是一个像羊胞胎样的圆圆的肉球，姜嫄感到害怕，才
把他往外抛的。《史记》只是说姜嫄'以为不祥'，却没有说出'不祥'的缘由。
履迹生子的神话，反映了原始氏族社会母权制时期'民知有母，不知有父'的一
般现象，所谓的'感天而生'，不能成为'不祥'的理由。伏羲的诞生，也是由于
华胥履了大人的足迹，却并非'不祥'。因而知道所谓'不祥'，并不在于履迹生
子，而在于生子的形体异常。这一点《诗经》的叙写就比《史记》切实多了。但
是姜嫄生后稷，本是'不知有父''感天而生'，但《史记》所叙却说她是'帝喾
元妃'，这便把所写的情景和这种关系弄得不伦不类了。而《楚辞·天问》却说：
'稷惟元子，帝何竺之？'《山海经·大荒西经》也说：'帝俊生后稷。'使我们知道
后稷原本是天帝的儿子，与帝喾本来无关。后来天帝帝俊历史化而为人间的帝王
帝喾，又把姜嫄履迹生子的神话当作历史事实牵扯到帝喾身上，于才成了《史
记》所叙写的那种不伦不类的情景。但因没有更理想的材料可用，只能选录这段，
略存古神话的大概罢了。"参见袁珂：《神话选译百题》，上海：上海古籍出版社，
1980 年版，第 115~116 页。

"《史记》中始祖神话材料的运用涉及了神话与历史关系的三种形态，即神话
的历史化，如黄帝；神话化的历史，如简狄、姜嫄、女修等；历史的神话化，如
刘邦等。司马迁于刘邦神话材料的处理表现了清醒的历史批判意识，把黄帝作为
中华民族始祖的描写则是司马迁通观历史的深刻体现；而殷、周、秦始皇感生神
话的激情演绎，则是司马迁以历史感悟式的直觉把握，对始祖感生神话所显示历
史纵深处的真实性予以揭示。这乃是司马迁'实录精神'的更深层次的表征，其
中不仅包含着历史事实层面的真实，更包含着历史本质的真实。"参见张筠：《从
〈史记〉对始祖神话材料的处理看司马迁的历史观》，载于《中华文化论坛》，2003
年第 1 期。

关于周公庙历史的物象叙事，与具有存史、资治功能的地方志一样，成为了解周公庙历史的直接史料。从碑刻文本中可以梳理出与县志记载一致的历代修缮周公庙的时间脉络。唐武德元年（618），为纪念西周政治家、曾助武王灭商立国、辅成王平叛安邦的周公姬旦，在相传其制礼作乐的"卷阿"创建周公祠。北宋时，周公被封为文宪王，周公祠更名为周公庙。宋代，在周公殿左右分别修建了召公殿和太公殿，以配祀周公，称三公祠。至元二十七年（1290），凤翔府道门提点兼磻溪长春宫方志正重修周公庙，改称文宪宫，又在三殿后增建了姜嫄祠，以祭祀姜嫄。在周公殿前修建了乐楼，用于祭祀时演奏乐舞。明代宣德、正统年间（1426—1449），周公庙先后两次维修。嘉靖七年（1528），知县赵进重修并增建文宪书院。嘉靖十七年（1538），凤翔知府王江在召公殿、太公殿的基础上创建了召公庙、太公庙，并与周公一起祭祀。嘉靖三十八年（1559），增建了姜嫄献殿。此外，明代周公庙增建了后稷祠，崇祯十六年（1643），邑人参政梁建廷在后稷殿东北修建了郊禖祠。经过宋、元、明、清的历代修葺扩建，周公庙形成了以周公殿、召公殿、太公殿为主，姜嫄殿、后稷殿为辅，以及亭台楼阁等30多座古建筑物点缀其间的古建筑群。

在周公庙的碑刻文本中，关于"后稷"的记录最早见于宋代王严在元祐六年（1091）所撰的《重修周公庙赋并序》，在赋的开篇中有"粤惟有周，肇自履帝。后稷、不窋，忧勤积累"的字样。关于"姜嫄"的记录最早见于元

代王利用所撰的《□□□周公庙记》，碑文间载："文宪王
正寝、圣母、太公二殿，凡一十三楹，官厅精舍，坛室泉
亭，计百余础，经营之功迄□□辍，贞珉既磨，丐君之文
以识其岁月云尔。"① 周公庙碑碣中涉及姜嫄、后稷内容
的共有七处，综合碑刻文本内容来看，民俗事象②的四大
范畴都有所涉及，其中精神民俗与社会民俗占较大比例。
周公庙是碑刻与民俗发生关系的核心空间，碑刻与周公庙
这一特定空间有着多层关系：碑刻记载的历史事件都是重
新修缮庙宇等重大事件，立碑记事这一仪式本身就是民俗
事件；碑刻传达的姜嫄圣母崇拜等意识形态即精神民俗内
容，与周公庙的主流信仰方式一致；碑刻的落款反映了碑
刻承担者的阶层与身份地位。总之，周公庙构成了碑刻民
俗的物质空间和文化空间。笔者根据是否全文涉及姜嫄、

---

① 该碑的题名："前翰林直学士太中大夫西蜀川道提刑按察史王利用撰
从侍郎凤翔府凤翔县尹兼管本县诸军奥鲁兼本县劝农事窦思永书
奉训大夫沔州知州兼本州诸军奥鲁兼本州管内劝农事陈焕篆额"
碑记的落款："大德二年岁次戊戌三月十五日前，凤翔府道门提点兼磻溪长春
宫周公庙事清真崇道大师方志正既齐德修等建玉册提举汤泽刊。"
② "我们民俗学科有一个别的学科不用的一个概念，就是'事象'。有的编辑
写成'事项'是不对的。'民俗事象'这个词用得非常好，'事'就是事情，是一
个过程，有一定的时间长度；'象'就是现象，可观可感的表现形式，是一个具体
的空间维度。'民俗事象'绝不是抽象的，而是有具体的时间、地点和参与者。所
以我们书写民俗志的时候应该要有人物、事件、过程、时间、地点。"万建中：
《民俗学的学术指向和前沿问题》，载于《神州民俗》，2011年总第169期。

后稷内容将碑刻分为两类：一类为专题性碑刻民俗志①，一类为非专题性碑刻民俗志。比较两者的载录内容，姜嫄所占比重较大，后稷仅见零星记载。

周公庙有两处碑碣全文涉及姜嫄，属于专题性碑刻。现将碑刻的文本内容②转录如下：

姜嫄圣母感应记

清·王文德

天人感应之际微矣哉，而其理不过曰诚而已。愿人以诚感天，以诚应此理之常，无足异者。若夫以诚感天而天无不感，以诚应人而人无不应，其惟赫赫姜嫄乎。粤稽周世本纪，姜嫄帝喾元妃，克禋郊祺，以弗无子，履巨人迹，载震载育，非诚足感天，能若是欤？而后世遂奉之以祈嗣，此亦如弃能播谷，后遂代农为稷云。岐之卷阿旧有

---

　　① "民俗志"一词最早由钟敬文在《建立中国民俗学派》一书中提出，也称"记录民俗学"，它的研究主旨是"保存大量社会文化史料"［参见钟敬文：《关于民俗学结构体系的设想》，见《钟敬文文集》（民俗学卷），合肥：安徽教育出版社，1999年版，第40～42页］。它不仅指民俗资料本身，也指搜集、整理和撰写民俗资料的原则和方法，还包括从资料中提取的民众知识。总的来说，民俗志理论在搜集民俗资料的基础上，涉及资料的民俗研究及建立学术资料系统两个范畴。青年学者鞠熙在前辈学者积累的基础上提出了"碑刻民俗志"，并提出："从碑刻民俗的内容看，它不仅指碑刻记载民俗，还包括碑刻隐含民俗、碑刻背景民俗和碑刻传承民俗。它的研究范围，不仅是碑刻文字本身，更是碑刻在文字之外与民俗文化产生联系的深层脉络。"（参见鞠熙：《数字碑刻民俗志》，北京：北京师范大学出版社，2009年版，第66页）参照民俗学者提出的"民俗志"理论及"碑刻民俗志"概念，笔者将周公庙碑碣称为周公庙碑刻民俗志。
　　② 本书所引用碑文内容均出自刘宏斌：《周公与周公庙》"周公庙碑记"部分（三秦出版社，2005年版，第155～176页）。2010年9月笔者在周公庙田野调查期间拍摄了大量周公庙的碑刻照片，因年代久远，碑文内容多有斑驳不清之处。笔者经过对比核实，刘宏斌采用汉语简体字且标有标点的碑文更为清晰，所以引用于本书，特此致谢。

姜嫄圣母庙,由来已久,列于祀典,享以少牢。每逢暮春报赛,远近祈嗣者肩摩踵接,求无不得,香火之资数百千计,此岂人故媚神欤? 亦以诚足应人,而人乐于输诚尔。盖尚论之,天地之大德曰生,姜嫄既得天地之德以化生,又推天地之德以施生,是以大其生,广其生,生生不穷,以溥天地之好生,而天地之所以生物不测者,亦惟为物不贰而已。不贰者,诚也,生物者,诚之通成,物者诚之复。谦溪曰诚应,故妙妙也者,灵也,灵也者诚也,人惟竭其诚,神斯显其灵。灵者诚之应也,神既显其灵,人益竭其诚。诚者灵之感也,感应之际,微之显也,诚之不可掩如此夫。然则姜嫄之德,其亦至诚无息者欤!

例授文林郎吏部候铨知县壬午科举人王树堂薰沐检阅。

邑郡儒学廪膳生员王文德薰沐撰文。

邑儒学廪膳生员李作舟薰沐书丹。

邑儒生员祝登观薰沐篆额。

道光十三年岁次癸巳瓜月谷旦。

重修姜嫄圣母正殿碑记

清·张应午

粤稽姜嫄圣母,帝喾元妃,周之始祖母也。履迹叶吉,育一门圣子神孙;有邰发祥,培万世奇男异女。启螽斯之振振,开瓜瓞之绵绵,千古而下犹赫赫在人耳目间焉。邑城西北古卷阿旧有姜嫄圣母庙,由来已久,创建无稽,太姜、太姒配于左,太任、邑姜居其右。每值季春中旬,咸深祈嗣,虔祷无感不灵,生男早兆熊梦,有求即应宗子，预卜象贤，遐迩之感戴暨故庙宇亦巍焕常昭也。讵意同治元年，凤郡逆回叛乱，扰害无遗，蹂躏偏至。红羊历劫，焚玉石于昆岗；朱鹤雁凶，慨瓦屋为灰烬。庙毁兮焦土，目击兮心伤。爰议重修之谋，不胜时艰之虑，乃询谋佥同，乐输不吝，构其木而庀其材，栋宇则云连霞举，染以丹而黝以垩，金碧则川媚山辉，赖群力之共济，历周岁而观成。虽曰民乐趋公，实圣母之灵有以感之也。由是瞻拜者重托宇下，祝祷者咸沐神庥，时平岁稔，凤再鸣于高岗，水秀山灵，桐复生于盛地，则美哉仑焉，美哉奂焉！不诚可与后稷三公诸庙前后辉映，并垂不朽哉！至姜嫄之盛德遗徽，记载于经传诗章者，炳若日星，又何俟区区者之管窥也？功竣后董事等嘱余为文以记之，时余读书卷阿，不获以不斐辞也，第即重修之由，聊书大略于贞珉，以劝将来云尔。

例授文林郎吏部候铨知县癸酉科举人邑人张应午薰沐撰文。

郡儒学生员邑人冯辅汉薰沐书丹。

同治十三年岁次甲戌季秋月谷旦。

在非专题性碑刻中，姜嫄、后稷等内容在整体性评述周公庙的篇章中占据了一定的篇幅，现列如下：

谒周公庙记①

明·王讳

洪武辛亥春，余还自西陆，以闰月二十五日戊寅至岐

① 《谒周公庙记》一文篇幅较长，本书仅引用其评述姜嫄信仰的部分。

山县，明日，谒周公庙。庙去县十五里，出城循涧水西北行，至山下，乃折入山之腹，而庙在焉。至是，四面皆绝壑峭壁，其间平地东西仅五六十步，南北如之而稍修，形势殊幽阻。庙东北十数步，有灵泉出岩石间，即涧水所从出也。庙之建，莫详其所自始。按碑记，"唐大中二年，凤翔府岐山县凤栖乡周公庙出灵泉。"则庙祠在唐之前当已有之。金兴定五年，有道士市其庙作道宫，县令李守节正其罪，凤翔府录事判官游淑记之甚悉。元初，庙尽废。至元十七年李忠宣公德辉行台陕西，欲起其废，而有司力不逮。乃请终南重阳宫李天乐真人重建，既成，其徒就守之，今庙是也。厥后，陕西部使者孛术鲁翀言："周公先圣，在唐与孔子同庙祀天下。今乃令道家者流主祠事，非所以崇圣道，昭典礼。若立书院，俾儒者主其祠为宜。"元统二年，命下，如所言，赐额曰"岐阳书院"。始置学官弟子员，春秋致祭，礼如祀孔子。元末天下乱，儒者皆解散，书院毁于兵，庙幸独存，而今守祠者仍为道士矣。庙始末事，概见者如此。其庙中为正殿，奉周公；东西二小殿，以奉太公、召公；东北别有小殿，奉姜嫄。凡庙之仪与冠冕佩服之制，皆粗鄙不合礼。又正殿前有戏台，为巫觋、优伶之所集，而殿中列以俗神野鬼之像，尤极淫怪。余因叹曰："周公制礼作乐，以宪万世。其殁实祀以天子之礼乐。今其庙制乃如此，世人不知礼一至是乎！"……

续修郊禖殿记

清·宋金鎰

　　尝考《生民》诗而知祈嗣所由昉也，盖自古有之矣，故祀重郊禖从其朔也。岐北有山卷如翼，如邑志谓即周卷阿地，唐时润德泉出其麓，至今游览者称胜地焉。其庙祠以周公为正祀，配以召公太公，而上溯姜嫄、后稷，皆祀之，又于山半岭阿建祠，祀郊禖，每春三月游人及祀神祈嗣者，多集于姜嫄庙而不知郊禖之祀乃祈嗣所由创也。郊禖殿旧为先四伯仲崑公所重修，余髫龀读书姜嫄庙，日夕游憩郊禖殿，观其碑记，慨然想我先伯敬神之诚，其所以为佑启我后人者，意良切也。今已历数十年矣，风雨所漂摇，殿宇丹雘暗淡无色。余弟金培念昔先人所经营，恐其渐就颓圮而湮没也。于是鸠工续修，拓大鼎新之，增修殿左右耳房各二间，凿洞一窟，经始于咸丰十一年三月，竣工于七月，计用制钱四百四十缗。盖吾弟之意在继先志，固非徒为祈嗣。而吾弟之生也，适在我先伯修殿之后，不可谓非神佑，则兹举之必邀神佑而赐之嗣也，可默以前事卜也。至郊禖之所以称高禖，之所以祀，前记载之，兹不书，书所以续修之故云。

　　赐进士出身刑部贵州司郎中截取知府前翰林院庶吉士内阁中书宋金鎰撰并书。

　　例授修职佐郎候铨训导宋金培立石。

　　清咸丰十一年岁次辛酉九月谷旦。

重修卷阿碑记

民国·薛成兑

尧舜禹汤文武之道孰承之，周公承之也。孔子之道孰传之，周公传之也。往古来今，人人心中有周公，故人人皆知敬周公。邑卷阿有周公庙盖因之采邑在此，故庙亦在此，祀周公旦。追祀周公之先，故姜嫄后稷之庙亦在此。前代每岁春秋，地方官以三猪三羊致祭，国之公祭也。每岁三月十五日为会期，演戏致祭，民之祭也。庙中朔望香火及修葺庙宇，皆仁圣里八村经理，历有年所。清咸丰六年，抚宪曾阅巡过境，因仁圣里经理元圣裡祀，免供流民。民国九年，城内驻匪拘押会道冯景梅、王水水等，勒索庙款，肆刑拷比。冯九畴无法筹措，在里中派银二百余两，输匪赎人。嘉、道、咸、同间，数修庙宇，皆有碑记，惟自光绪十年至民国十五年间，重修召公献殿暨姜嫄殿西厢楼房七间、西庵楼房十三间、周公殿前亭子、大门外水磨、上庵大成殿三间、周公庙两侧厦房二十四间，皆为冯葆光、刘瑞荣、董怀江、冯九畴、杨生荣、张发荣、张笃敬等督修，共用钱两万余缗。自民国十七年，兵燹频仍，旱灾连年，倾圮破坏，功程浩大，于二十二年秋后至二十五年，重修周邸桥，补修姜嫄殿，重修大门、将军殿及两侧门、钟楼，掏治大水眼，修上庵石坡中亭子、大成殿、关帝庙并戏楼及西庵复踩楼十三间，补修后稷正殿、献殿暨东庵祈子会、姜嫄正殿，并重修献殿，立"甘棠重荫"及此次碑碣两面。皆董岐周、祝升平等督修，共享银洋壹千六百余圆，前后五十年间，未立碑记事，及今不记，恐重修事迹久而就湮，爰志始末，俾后人有所考镜云。

清敕授文林郎候铨知县光绪癸卯科举人岐山薛成兑薰沐撰文。

岐山县仁圣乡联保主任董岐周薰沐书丹。

中华民国二十五年岁次丙子清和月谷旦。

历代碑刻构成了一个有时间序列的碑刻民俗志集合，当地历史上关于姜嫄、后稷的精神民俗活动呈现于碑刻文本中。明代王讳的《谒周公庙记》以谴责之辞抨击了周公庙遭遇兵荒、庙宇衰败、礼崩乐坏的现状，姜嫄塑像如农妇般粗糙也在其抨击之列。该碑文所负载的历史信息不容忽视，其记载了兵荒马乱之际，当地姜嫄信仰活动仍旧顽强传承的事实。清代王文德的《姜嫄圣母感应记》是宣扬姜嫄灵验的颂文，碑文中提及了周公庙会期间，远近各地求子者云集周公庙会祭祀姜嫄的盛况。清代张应午的《重修姜嫄圣母正殿碑记》讲述了姜嫄圣母祈祷求子灵验的事迹。清代宋金镒的《续修郊禖殿记》介绍了庙会期间信众祭拜姜嫄殿而忽略郊禖殿的情形，侧面反映了因为姜嫄殿先于郊禖殿而建，所以姜嫄率先进入当地民众的民间信仰视野，民众将姜嫄作为生育神供奉而对郊禖殿有所忽视的真实情况。从以上碑刻的文本内容中可以发现，明清时期，姜嫄作为生育神在当地备受欢迎，传承至今的姜嫄信仰活动有着深厚的历史积淀与民俗心理认同。

碑刻中载录的后稷相关内容较少，后稷感生神话多见于碑文的开篇语，碑文开篇语的作用一般都是寻根溯源，为正文提供合法的佐证。宋代王严的《重修周公庙赋并序》提到了"履帝";清代张应午的《重修姜嫄圣母正殿碑记》提到了"履迹叶吉",保留了神圣含义的后稷感生神话以非常简要的字样呈现。民国时期的薛成兑在《重修卷阿碑记》中交代了在周公庙修后稷殿的缘由是"追祀周公之先"。上古时期作为周人英雄祖先与农神的后稷在明清以后不太符合当地民众民俗生活的精神诉求,未被列入当地民间信仰神祇的序列,不具备传颂的动力,从而在碑刻民俗志中处于边缘化的位置。

社会民俗主要体现在碑刻承担者方面,《重修姜嫄圣母正殿碑记》《续修郊禖殿记》《重修卷阿碑记》《姜嫄圣母感应记》等一系列碑名可以表明,修缮庙宇后立碑纪念是历史上类型化、长期传承的行为模式,矗立于周公庙的碑碣就是当年刻碑事件的见证。立碑事件与碑刻的承担者等都是民俗关系的产物,碑碣一旦落成,就以实际形态参与了姜嫄信仰活动的实际运作过程。碑刻的署名情况体现出立碑时期的组织机构、人群关系以及刻碑缘由等。从碑刻的落款来看,碑刻的承担者由立碑人、撰碑人、书写人、捐赠人等多人构成,立碑人与撰碑人都是官员身份,例如宋代西蜀川道提刑按察使王利用、清代吏部候铨知县张应午、候铨知县薛成兑等人。立碑是权力的象征,碑刻内容又由官员撰写,在民众心中碑碣自然被认为是正统文化的象征,从而促进了姜嫄信仰活动的进一步繁荣,例如清代王文德的《姜嫄圣母感应记》,主题就是论证信徒心诚与姜嫄圣母感应的因果关系。在历代的官民二元关系中，地方官员为迎合民众的精神诉求继续修缮庙宇，撰写相关碑文以扩大个人的社会影响力，历代官员持续撰写，形成大量有关姜嫄、后稷的碑刻。综合以上碑刻文本的相关内容及碑刻与民俗生活的关系，可以剖析立碑时期的历史情境，勾勒出姜嫄、后稷两位上古人物在宋、元、明、清及民国时期，以周公庙为中心点、以岐山地区为面的区域传承脉络，构成关于后稷传说的物象叙事。

关于周公庙的碑文内容，在笔者搜集到的《（光绪）岐山县志》与当代《岐山县志》中并无记载。而立碑事件中的人物在《（光绪）岐山县志》中有所辑录，例如在《（光绪）岐山县志》卷三"祠祀"部分有如下记载①：

姜嫄殿：在周公殿后，创建无考，明嘉靖三十八年县丞高簦增建献殿，万历十八年知县于邦栋祭以少牢，以太姜、太任、太姒邑姜配享。国朝同治十三年，里人重修，进士张应午有记。

后稷祠：在姜嫄祠后坡头，春秋祭以少牢，以泰伯、仲雍、王季配享。光绪元年里人重修。

郊媒祠：在姜嫄祠东，崇正十八年邑人恭政梁建廷创修，国朝道光九年邑廪生王文德重修，咸丰十一年邑候选训导宋金培重修，翰林宋金镒有记。

对比碑刻内容与县志辑录，可以看出虽然周公庙关于姜嫄、后稷的碑刻文本没有进入官修方志体系，但和县志

---

① ［清］胡升猷修，张殿元纂，《（光绪）岐山县志》，本志共八卷，据清光绪十年（1884）刻本影印。

一样是一种公共历史记述，是地方历史进程的产物，在一定程度上反映了姜嫄、后稷事迹在当地的传承情况。周公庙碑刻文本具有史料价值与学术研究意义，弥补了地方志中姜嫄、后稷相关事迹记载不足的缺憾，为学术界的姜嫄、后稷研究补充了一份实证个案，同时为当下旅游情境中语言叙事的展演提供了实际空间。

第二节　周公庙导游的讲述倾向与选择性讲述

2010 年 9 月 25 日，笔者在周公庙进行田野调查，先后聆听了同一位导游在后稷祠前的三次解说。前两次都是导游绘声绘色地向游客介绍中国历史上第一位"农业部长"后稷的农业事迹，导游娓娓道来，游客频频点头，双方的交流与配合都很主动。导游将后稷农业事功传说作为景点解说词，将后稷的农官之职类比为"农业部长"的这种"再语境化"（recontextualize）①的讲述方法获得了游客（故事讲述事件中的受众）的欢迎和好评。笔者将第二次亦是时间最长的一次讲述内容记录如下：

　　该殿供奉的是周人的男性始祖后稷，后稷本名为弃，后来成为我国的第一位"农业部长"。弃来到人间之后，在其母亲姜嫄的养育下，度过了他快乐的少年时期。他从小就练就了坚韧不拔的意志，不怕吃苦，不怕困难，而且

---

①　杨利慧：《民间叙事的表演——以兄妹婚神话的口头表演为例，兼谈中国民间叙事研究的方法问题》，参见吕微、安德明：《民间叙事的多样性》，北京：学苑出版社，2006 年版，第 256 页。

对民众的事情特别关心，经常跟着大人收割庄稼。同小伙伴玩耍做游戏，也离不开耕种。他领着伙伴，学着大人的样子，找了一块地方，清除掉杂草，用现在看来十分原始，而在当时却非常先进的农具耒耜翻土。春天，他们把从家里偷偷拿来的麻、豆和麦子的种子，一粒一粒精心地种在了那块自己开垦的土地上。在阳光雨露滋润下，种子发芽了，悄悄地钻出了地面，并长出了叶子。看到自己辛勤的劳动有了成果，他们的劲头更大了。几乎每天都要到地里去看一看，唯恐庄稼受到伤害。到了秋天，他们的汗水换来了麻和豆的丰收。弃和他的伙伴们高兴得手舞足蹈，大人们也为他们庆贺。从此，弃就更加用心于农事了，而他喜好耕种的名声也在百姓中慢慢传播开来。

弃长大成人的时候，正是尧当了帝王，这时的弃已是一把耕种务农的好手，他掌握了谷、麻、豆等农作物的属性和生长规律，并根据土质差别，判断出哪块土地适宜种什么农作物，怎么耕作才能多打粮食。他种的豆子豆荚繁多，麦子穗头又大又饱满，麻秆子粗壮而且长得快。老百姓都效法他的方法耕种，请他指导五谷耕作。尧听到这件事后，认为弃是一个了不起的人物，和众人一起推举弃为指导管理农业生产的官员——农师。那时候是原始社会，尧虽然为帝，但部落联盟的大事还是民主管理，所以任命农师这样的事也不例外，需要集体研究决定。弃任农师后，便大力推广自己稼穑的经验，促进了当时农业生产的发展，使天下人受益，他也因此被后世人当作农业神来供奉。

第三次，导游带领另一批游客继续参观后稷殿，讲述后稷农业事功传说。有游客看到西窗的告示牌就向导游询问弃这一名字的来历，导游的介绍就显得语焉不详，说"弃的父亲就是帝喾，母亲是姜嫄，子女的名字应该都是父母给你的。历史典籍介绍得很清楚"。

笔者已经跟随导游聆听了两次解说，该导游的讲述并没有涉及后稷感生传说，此次若无游客提问，导游仍旧不会介绍后稷名字缘何为"弃"。顺着游客的提问，笔者进行追问："姜嫄为什么是在野外怀孕，而生了后稷呢？"

导游解释说："当时的古人不了解生育知识，有野外求子的习俗。"

笔者继续询问导游："是不是因为在野外怀孕，所以要三弃三收呢？"

导游因笔者的提问讲述了后稷的感生传说：

在五帝当中，帝喾的元妃叫姜嫄，按照司马迁《史记·周本纪》的记载，她是有邰氏的女儿。有一年阳春三月中旬的一天，桃花盛开，春风拂柳，被严寒侵袭了一个漫长冬天的人们总算是沐浴在阳光春风当中。姜嫄在众人簇拥下，前往野外祭祀主管生育的神——郊禖。在那个时代，人的繁衍是头等大事，所以这样神圣的事，她必须亲自出面。他们正走在路上，忽然发现了一个巨大的脚印，都感到很神奇，谁的脚能如此大，竟踩出这么大这么深的足印。在他们见过的人中，连帝喾在内，都没有这么大的足。说不是人的脚印吧，形状与人脚没有两样。不知是谁说到，这莫非是神的脚印吧？大家都感到有道理。姜嫄顿时若有所悟，心想难道是神灵感应，用脚印来给她指明前行的道路？心中这样想着，脚已经不由自主地踩到了那巨大的脚印上。果然不同凡响，她的脚一踩上去，从脚心到头顶像过电一样，一股神奇的活力在体内冲动，身体被感应了。

没走多远，姜嫄他们一行就来到了郊禖庙，在主管祭祀的神职人员主持下，姜嫄虔诚地跪在了郊禖的神像前，恭敬地点燃香烛，献上了丰盛的贡品，祈求郊禖保佑子孙繁昌，人丁兴旺，乐人同时演奏着古老的乐曲，整个典礼都很隆重。姜嫄祭祀郊禖之后，众多的善男信女开始敬拜，孩子多的祈求健康，孩子少的祈求多生。郊禖无动于衷地注视着对她顶礼膜拜的男男女女，围绕的香火给人无限的神秘感。

参加完祭祀郊禖的典礼，姜嫄回到了住处。一连几天过去了，她总感到身体有些异样。又过了一段时间，她发现自己有了身孕。她是既喜又忧，高兴的是自己要做母亲了，而担忧的是自己因踩大人迹而怀孕，不知将来生下的还是不是人。

春华秋实，转眼间，冬天已经降临人间，姜嫄腹内的孩子就要出世了。

十月怀胎，一朝分娩。姜嫄终于生产了，而且生下的还是一个男孩。人们都在为她庆贺，而姜嫄却高兴不起来，看着眼前的这个孩子，她犯愁了，甚至恐惧了。孩子虽然是个人样儿，但那种奇怪的怀孕方式，总是让人放心不下。越是这样想，越是觉得孩子怪模怪样，最后她认为孩子的出生是不祥之兆，不能收养这个孩子。但不管怎么说，总是自己身上掉下的一块肉，不能让孩子在自己家中等死，还是遗弃野外，顺其自然吧。

在万般无奈之下，她让人把孩子丢在狭窄的巷子里，巷子是牛马经常通过的地方。神奇的是以往充满野性的牛马，发现巷子地上的孩子后，性情变得比绵羊还温顺，放慢了脚步，停止了相互挤闹，屏住呼吸，轻轻地绕开孩子而不践踏，好像害怕吓着孩子似的。

姜嫄又让人把孩子从巷子里抱到山林中丢弃，正好山林里人特别多。怕人看见，所以又另找地方。这次，孩子被丢弃在寒冷河渠中厚厚的冰上。隆冬时节，冰天雪地冷得出奇，人们穿着带毛的兽皮做的衣服都感到冷。没想到，更为神奇的事情出现了，许多飞鸟用羽毛和翅膀为孩子遮风驱寒。

姜嫄听说后，又产生了另一种恐惧，难道这孩子是神灵附体，神仙投胎下凡？如果真是这样，自己不是冒犯了神威吗？要是惹怒神灵，那还了得！想到这里，她赶紧派人把孩子抱回家。看着神灵保佑的孩子，姜嫄不再嫌弃了，她用自己的乳汁和爱心，呵护着孩子长大。因为当初想抛弃掉，所以给孩子取名为弃。弃后来成了我国的第一位"农业部长"。为什么有抛弃孩子的事情发生呢？当时是由母系社会向父系社会过渡的时期，经历了一个"知其母不知其父"的时期，所以神话中所讲的故事都有真实的影子。

笔者继续询问周公庙会上的祈子习俗是否和姜嫄的这

段故事有关，导游点头称是，当笔者再追问"撵香头"是否是祈子习俗的内容时，该导游脸上流露出不耐烦的表情，但是出于职业性的礼貌而顾左右而言他[①]，张罗着引导游客去参观下一个景点。笔者以游客身份进行的一次访谈被导游礼貌性地拒绝而宣告结束。

笔者于是与其他游客交谈，进而浅显地了解到他们关于后稷感生传说的反应，大致有以下几种意见：

（1）半信半疑型：对后稷感生传说的神圣性和真实性半信半疑，因为历史上的大人物都有神奇诞生的传说。

（2）全然不信型：对后稷感生传说全然不信，认为历史与传说是截然不同的两个概念。

（3）无所谓型，对刚讲述完的后稷感生传说竟然没有什么记忆，并没有关注导游的讲述。

整个参观活动结束后，笔者邀请陪同的县政府工作人员（当地政府负责安排的接待人员，其一直在景区管理处等候）一起再次对导游进行了访谈。[②] 导游作了如下解释：

---

① 有学者根据史诗歌手的表演指出："表演本身包含着文字以外的因素。有经验的歌手就会充分地利用这种与听众面对面的交流所带来的便利，他的眼神、表情、手势、身体动作、嗓音变化、乐器技巧，都会帮助他传达某些含义。这些区别却不能体现在文本之中。通过文本阅读来欣赏史诗的人，也无从去体会那些话语以外的信息。"参见朝戈金：《口传史诗诗学：冉皮勒〈江格尔〉程式句法研究》，南宁：广西人民出版社，2000年版，第236页。对比此次田野调查，导游表演的细节增加了故事讲述事件的临场感。

② 笔者为避免遭遇拒绝，采用了一种权力运作的策略，当地官员在场作为一种符号资本代表了权力。笔者身份在此语境中亦由普通游客转变为当地政府的客人。当地官员在场的田野访谈产生了什么影响？是否记录了文化持有者真实的意思表达？这些问题将在后续访谈中进行验证与探究。

　　导游工作要求在景区必须介绍景物的相关传说，而有意忽略后稷感生神话讲述的主要原因是，我刚参加工作的时候很认真地给游客讲述后稷感生传说，每次讲述完毕后，总会有听众问及内容是真还是假的问题，解释为内容是神话，可有历史学家司马迁的《史记》作为佐证张贴在旁边；说其内容为真的呢，大家都知道，每个人都是爹生娘养的。关于神话与历史的关系我也说不清楚，而这就会影响游客对我工作的评价。所以只要游客不提问，我就避免谈及此类问题，而像今天遇到了游客提问，我就按照单位提供的本子内容原样进行讲述，避免麻烦。周公庙的宣传单①就是我们的讲解指南，里面是重点的我就重点讲解，如果不是重点强调的，我就一掠而过。

访谈结束时，该导游拒绝了向笔者提供姓名的要求②，理由是认为自己不是讲述权威，只是因为工作需要照本宣科地讲述了后稷感生传说。事后笔者将录音资料与《周公与周公庙》③一书中后稷的相关内容进行对比，导游

---

① 宣传单的内容如下：

文明源头，国家 AAAA 级旅游景区——周公庙风景名胜区简介：

国家 AAAA 级景区，全国重点文化保护单位周公庙风景名胜区，位于岐山县城西北六公里处的凤凰山南麓（凤凰山即《诗经》所云"凤凰鸣矣，于彼高岗"之所在），其地势三面环山，《诗经》中描述为"有卷者阿，飘风自南"，故称卷阿 (quán-e)。早在西周初期，这里便是游览胜地。周初重臣周公旦晚年归隐于此，制作礼乐，使得天下大治，万民归心。周公庙可谓中华礼乐文明的发源地。

唐武德元年（618），高祖李渊为纪念西周政治家曾助武王灭商立国、辅成王平叛安邦的周公姬旦，下诏在相传其制礼作乐的"卷阿"创建周公祠。后经宋、元、明、清历代修葺、扩建，形成了以周三公（周公、召公、太公）殿为主体，姜嫄、后稷殿为辅，亭、台、楼、阁点缀辉映的古建筑群。庙内现存历代碑碣三十余通，汉唐古树多株。唐宣宗赐名的"润德泉"水清如镜、味甘如醴，为宝鸡八景之一。北庵玄武洞中有唐代汉白玉石雕"玄武像"一尊（俗称玉石爷），造型丰满，威武庄严，山石与雕像浑然一体，巧夺天工，有抚摸可治百病之说。

周公庙历史悠久，庙宇肃穆，山环水绕，清泉长流，古木苍翠，浓荫蔽日。古历三月中旬有规模宏大的庙会。乃旅游胜地，避暑佳境。历史上韩愈、苏轼、康海等曾游历观光，凭古抒怀。

2003 年 12 月以来，周公庙遗址有多项惊世发现：周代高等级陵墓 22 座，陪葬车马坑 14 座，环绕陵墓夯土墙 1700 多米……

2009 年 3 月建成开放的凤凰山景区，是县委、县政府深度挖掘周文化资源，建设文化旅游名县的重点项目，总面积 560 余亩，总投资 2100 余万元，包括凤凰雕塑、周公陵墓、元圣殿、凤山楼、礼乐亭、思贤亭、吐哺亭等景点，位于周公庙风景名胜区内的西岐民俗村，经过多年的经营开发，使岐山臊子面誉满神州，形成了"游在周公庙，吃在民俗村，娱在凤鸣镇"的旅游产业新亮点。

② 稷山县稷王庙导游知晓笔者身份后，同样没有向笔者提供姓名，理由类似。

③ 刘宏斌：《周公与周公庙》，西安：三秦出版社，2005 年版，第 4～16 页，参见"姜嫄生弃——一个远古传奇神话""弃从'农艺师'到'农业部长'"部分。

的故事文本与书中载录的后稷农业事功事迹与感生传说没有太大差异。

由此访谈可以知道，在具体的地方社会，故事的讲述人（即导游）根据自己的讲述倾向做了选择性的讲述，"讲述倾向的组成因素有讲述者的语料库、讲述模式和讲述者作为传统承载者的地位，影响讲述倾向形成的因素则包括讲述者的经历、价值观、自我意识、社会交往能力等"①。导游根据工作中的实际情况，确立了自己的讲述倾向，迎合了不同群体的倾听诉求，对后稷感生传说的讲述部分做了策略性的调整。

第三节　稷王庙的后稷文化遗迹

根据清代《稷山县志》，稷山县在历史上曾存在过两座后稷庙：

后稷庙二一："在汾南五十里，稷神山顶青峰耸峙，石城岿然，是谓王之寝宫。邑八景曰稷峰叠翠即此。东南有塔，刻后稷名堂四字，累朝尊奉。明初太常定甲以夏四月十七日遣官致后邑令代今仍之。元至正间道士李志贞重建。隆庆元年孙倌修王时济记。一在县治西南，元至正五年建庙，后有姜嫄圣母祠，段循记。明弘治十年重修，东西壁绘《农公王业图》。万历三十四年建寝宫、螽斯宫各

---

① 杨利慧等：《现代口承神话的民族志研究——以四个汉族社区为个案》，西安：陕西师范大学出版总社有限公司，2011年版，第88页。

三楹。天启间知县重修，植柏数十株。"①

现在稷山的稷王庙位于山西省稷山县城内西大街，根据县志所记载的后稷庙方位判断，此庙的庙址应为县城内的那一处。根据县志所载："后稷庙之在城内者，每岁四月十七日致祭。道光丙申忽遭回禄，殿宇一空。历八载至癸卯，知县李景椿捐赀重建，费万金，壮丽华美，远过旧制，为宜邑之巨观。"②

稷山稷王庙 2006 年被列为第六批全国重点文物保护单位。稷山稷王庙是我国历史上规模最大、档次最高、保留最完整的一处专祀谷神后稷的庙宇，集石雕、木刻、琉璃于一体，堪称我国古建筑群的"三绝"。现存古建筑主要为元、清两代遗构，其中姜嫄殿木构架为元代构建，是稷王庙早期建筑的最有说服力的实物证据。稷王庙坐北朝南，二进院落布局，占地面积 10080 平方米，南北长 112 米，东西宽 99 米。平面布局采用我国传统中轴线对称式，自前向后有山门、献殿、后稷正殿、泮池、八卦亭、姜嫄殿等，两侧配有钟楼、鼓楼。

山门位于中轴线南中央，前临大街，面阔三间，进深四椽，面积 130 余平方米，为清代单檐悬山顶建筑。院中两侧建有钟楼、鼓楼，为清代楼阁式重檐十字歇山顶建筑。平面呈方形，长 4 米，宽 4 米，面积 16 平方米，通高 12.5 米、飞檐翘角、雕梁画栋、琉璃彩瓦。献殿前的

---

① ［清］沈凤祥纂修：《稷山县志》，清同治四年（1865）石印本，第 168～169 页。

② ［清］沈凤祥纂修：《稷山县志》，清同治四年（1865）石印本，第 174 页。

丹墀（丹墀在古代建筑中是帝王宫殿的一种特有象征），高约 50 厘米，四边以四块素面石构成，内心雕刻出两头石鳌。由此可见稷王庙在建庙时期的社会地位。沿丹墀两侧拾级而上，便是稷王庙的献殿，东西长 14 米，南北宽 10 米，面阔三间，进深四椽，前后无檐墙，直通后稷楼，通高 13.5 米，系单檐悬山顶，琉璃彩瓦覆顶，为清代建筑。

献殿前檐板上刻有木雕，内容为古人春播、夏锄、秋收、冬藏的完整农事活动，以及祭祀谷神的场面和后稷教民稼穑图。在献殿东山墙内嵌有一幅高 2.8 米、宽 4 米的平雕《稷邑八景图》，其八景分别是"稷峰叠翠""姑射晴岚""汾水孤舟""玉壁秋风""羲陵晚照""文洞飞云""甘泉春色""仙掌擎月"。石雕《稷邑八景图》中，雕有行草七言律诗八首，内容是知县李景椿对稷山八处胜景的描绘。如今，稷山境内除稷王山、玉壁城遗址和文中子洞尚可寻外，其余数景皆不存，石雕《稷邑八景图》成为历史信息的载体。

献殿西山墙内嵌有巨幅石雕《七古一章》，与东山墙《稷邑八景图》呼应。其高 2.8 米，宽 4 米，为清道光二十三年（1843）稷山县知县李景椿因重建稷王庙告成所作。全文共四百余字，行书。《七古一章》的配联是"统肇王基功崇平地，源开粮食德大配天"。

后稷楼建于清代，为庙内主要建筑。面阔五间，进深六椽（东西长 18.8 米，南北宽 17.3 米），柱头斗栱三踩单翘，由台基、阁楼、屋顶三部分组成。砖砌台基高

1.22 米，楼通高 21.3 米，系楼阁式重檐十字歇山顶。四周回廊，周围有 20 根石雕擎檐柱，后稷楼前两侧平雕石柱楹联为："思文配乎天，树八百年王业之本；率育命自帝，开亿万世粒食之源。"后稷楼后两侧平雕石柱楹联为："稼穑劳后躬，播种功德垂百代；民人饱圣德，崇隆祠宇耸千秋。"前檐明间的两根平柱为蟠龙浮雕石柱，保存完好。一条是水龙，云腾浪涌，鱼跃龙行；一条是火龙，火焰熊熊，朱雀穿跃，雕刻技艺细腻娴熟。其余皆为浅平雕圆柱。

后稷楼殿内供奉的是稷王及二童子的神像。稷王端坐在中央宝座上，宽袍博带，神情平和，面容仁慈，手指粗大结实，手中执有硕大的谷穗。左右两侧，玉女捧五谷，男官捧如意。回廊外围以 52 块雕花石板构成屏形栏杆，栏板图案雕有山水人物、花草花卉、飞禽走兽等，内容有二十四孝、八仙过海、渔樵耕读、松鹤延年、文王访贤等。护栏石柱上雕有莲花。望柱上有牡丹、菊花、南瓜、猴、狮、人物等造型，形态各异，形象逼真。琉璃瓦顶富丽堂皇，正脊的雕饰尤为华丽美观。脊中部饰有三重檐琉璃塔三座，塔顶有精美的铁雕，共同组成九凤朝阳图，成凌空欲飞之势，两侧饰有芍药、牡丹花叶浮雕，顶端饰有飞马行走，两端为龙吻吞脊，造型生动逼真、色泽艳丽夺目，俱为清代琉璃制品。

后稷楼后有小石桥直通姜嫄殿，桥下两侧建有椭圆形的泮池，面积 40 余平方米，深 4 米，石桥宽 2 米，两侧设有石护栏，望柱造型各异，形态逼真。泮池东西两壁中央各有一龙头吐水，常年注水不断。姜嫄殿前设四明八卦亭一座，一间面积约为 30 平方米，结构简洁，斗拱古朴明快，卷棚式屋顶，从形制来看为元代风格建筑。姜嫄殿位于北端，面阔三间，进深四椽，单檐悬山顶。梁架结构为四椽栿通檐用二柱，柱头斗栱四铺作单抄。殿内姜嫄着凤冠霞帔，端坐于凤椅之上，神情安详，姿态端庄。左右各一侍女，一捧果盘，一捧金盒。身后的葡萄、莲花、牡丹等纹饰象征着富贵与多子多孙，这是中国传统文化中女神塑像最常见的装饰。

与周公庙不同，稷王庙在 21 世纪初期由当地政府部门修缮，并按惯例举办了刻碑铭事的纪念活动，于是稷王庙拥有了从清代到现代的碑刻资料，历代碑刻文本构成了稷王庙的物象叙事。

清代碑碣主要是知县李景椿撰写的《七古一章》，其巨幅石雕的内容如下：

古来农官粤稷弃，羊腓鸟覆诞育异。天生神圣非偶然，有相之道明树艺。

当年帝尧忧阻饥，分命后稷详土宜。播时五谷惟尔任，咨尔后稷其勉之。

从此教民辨种粒，秬秠穈芑诞降习。为问稼穑何自起，立我烝民始稷邑。

稷邑乐利遍南东，实颖实栗连岁同。于万斯年报功德，建立庙宇凌苍穹。

穹隆宝殿历年久，肇周新命寿山斗。迄自道光丙申年，一番回禄化乌有。

我思此殿神式凭，思文遗泽宜兢兢。况复德大配天帝，忍使殿宇倾频仍。

我莅斯土已三载，倡义建修始邑宰。召彼绅耆同相商，庙貌重新不可待。

邑之绅耆金曰然，功程浩大广输捐。我亦分廉襄盛举，裒成集腋刚半年。

年来鸠工庀材速，鸟革翚飞起华屋。日复一日功告成，鬺鬺皇皇体制肃。

而今宫殿光九闼，有邰受命临上苍。翠叠稷峰获安侑，频年定邀天降康。

康年穰穰咏乐岁，仁卜三登叠纪瑞。我赋此诗祈神灵，愿民永永沐神惠。

惠遍士民春复秋，馨香俎豆隆报酬。民人既育教化起，陈常时复开薪醮。

君不见，奏庶艰食万世赖，禹皋都俞梦交泰。

又不见，稷事开基八百年，元公制礼垂诗篇。

宜乎屡代钦崇重禋祀，此庙直与天地相终始。

道光岁次甲辰孟秋月吉旦。知稷山县事滇南李景椿敬题。

庙中另一残碑可见李景椿题写的《重建稷王庙碑记》①：

---

① 残碑年代久远，字迹模糊。此处所录碑文由稷山县作家协会副主席黄建中先生提供。

重建稷王庙碑记

李景椿松阿[①]

盖闻有非常之功必享非常之报，故从古先圣哲王凡有功于天下后世者，类无不崇祠庙、隆豆祭以光祠典。然后是以求而功之大者孰有大于开万世粒食之源，如尧帝所举农师粤后稷者乎？

当是时黎民阻饥，爰命后稷播时百谷，稷邑为古教稼地，即后稷发迹之所。距县南五十里，旧建有稷王庙于层峰之上。累朝尊奉久矣！明初太常定甲以夏四月十七日命有司肃礼致祭，历代因之。甚盛典也！顾道远则跋涉维艰。邑人士咸以供亿为苦。嗣于县治城中建立庙宇，所以崇盛德报大功，盖历有年所矣！居无何，道光丙申夏庙之正殿倏遭回禄，而画栋雕栏化为灰烬。神灵无所凭依矣！

庚子冬，余忝莅斯土，甫下车谒庙瞻拜，见殿台宛然，而神灵失所，慨然兴重建之志。时以民事初膺，簿书旁午，未遑也。越癸卯岁民安物阜，百废渐兴。乃进绅耆人等而喻之曰："惟兹稷邑教稼伊始，烝民乃粒，厥功不忘也。大德配天，斯庙不可缓也。"适邑之绅耆监生王灼、医士梁天栋、监生高向葵亦具禀前来，签请重建以为斯邑光，且曰："阖邑士民世世代代食稷王之德远矣！其敢忘稷王之功乎？虽工程浩大，惟邑侯倡议捐修，灼等亦广为募化，庶集腋成裘，在此举也。"惟时众志即定，询谋佥同，余与同城两学暨城守捕尹诸君亦各量分清俸为士民

---

① 李景椿字松阿。

先，而阖邑人等糜不欣然。共解囊金输将勇跃，并邻邑、外省亦皆闻风鼓舞，好义捐赀，不数月间共得若干金，而经费于是大备。

已而命王灼、梁天栋、高向葵等力董其事。购异材、选良工、精陶殖、运石土，结构经营，旧基之狭者广之、低者昂之。而殿宇较前宏敞焉！其殿前则建享亭以伸崇报，东西隅则起两楼以悬钟鼓。后殿暨两廊亦旧者重新、缺者增补，经始于岁癸夏，越乙巳岁工始告成。观于鸟革翚飞，龙翔凤翥，云霞灿烂，金碧辉煌，见之者孰不美曰：此斯邑之大观乎，而不知此非徒壮观瞻云尔也，所以妥侑神灵者在此也。所以报稷王非常之功者，亦在此也。从此对越在天降尔遐福，明昭上帝，迄用康年，共蒙神庥，讵有极与？

工竣稷邑人士列壮请记，余深喜稷人士，不忘稷之有功于民也。且喜稷人士能报稷之功而知乐利之所赉者。远不惮竭力以共襄盛事也。因历叙始末，勒诸贞珉。其他好善乐施并督工姓氏例得备书以垂不朽云。

当代撰刻的石碑仁立于后稷献殿东侧，碑名分别为2004 年 8 月刻立的《修复扩建稷王庙碑铭》与《施工志略》。《修复扩建稷王庙碑铭》内容如下：

崇尚先祖圣庙寄缅怀敬奉深情 传扬历史文明绘强县富民宏图

稷峰叠翠，汾水悠长。稷山县地处黄河中游，乃中华发源之地，炎黄根基所在，并为后稷故里，农耕圣地，历史悠久，文明古远。早在唐尧时，有名姬弃者，在其邑之南即稷王山一带，教民稼穑，创农耕之伟业，开粮食之先河。此举乃人类社会越野蛮而文明之本质进化，可谓维国民命数，膺社稷中坚，功昭日月，德配地天。故尧举弃为农官，舜封弃曰后稷，炎黄子孙奉为农祖谷神，尊称为稷王。稷王县则由此而冠名也，伟哉！圣哉！

为缅怀祭祀农祖，元朝时期，县城中心建成神州规模最大之稷王庙。该庙乃稷山之标志、象征，县人引为骄傲自豪然。清道光二十三年，正殿与享堂不幸焚毁，三年后得以修复。更不幸者，因战乱天灾人祸等历史原因，其舞台门楼与塑像陆续毁坏，荡然无存，庙院整体破坏不堪；珍贵文物惨遭损失，人民群众痛心疾首。几十年来，虽有意修复，但力不从心，徒唤奈何。痛哉！惜哉！

历史进入二十一世纪，县委县政府励精图治、奋发进取，各项业绩皆获空前突破，农副产业欣欣向荣，工商企业蒸蒸日上，财政收入大幅增长，人民生活日趋小康，政治祥和，社会安定。各界人士祈望承泽振兴，兼和旅游雅韵，修复扩建稷王庙呼声日高。鉴于民意盛情，县委政府遂于二〇〇三年决定修复稷王庙，并成立工程建设指挥部，具体负责实施，于二〇〇三年八月十八日正式奠基动土。施工期间，指挥部工作人员与施工队伍，均表现出高度负责之精神，艰苦奋斗之作风，数质兼优之效率，其辛苦可嘉，功绩可铭，历时十一个月，于二〇〇四年七月胜利竣工，圣庙建成，举县欢腾，快哉！乐哉！

修复扩建之稷王庙，规模宏大空前，气势雄伟壮观，建筑布局得体，装饰雅致考究，殿堂雕梁画栋，金碧辉

煌，庭院古树参天，花草似锦，艺术风格既呈古体之淳朴
涵厚，又显当代之灵秀华美，功效多端，既为祭祀观瞻圣
地，又成旅游休闲乐园；既与新建之步行街相媲美，为市
容市貌增色；又是树立稷山彰显稷山之绚丽亮点。壮哉！
美哉！

　　此次修复扩建稷王庙，全仗县内县外各方各界人民群
众鼎力支持与无私奉献。从精神到物质，从筹谋到落实，
皆因民而兴，由民所创，取之于民，用之于民。民当敬
之，民当爱之。县委县政府将引为借鉴，进而确立民本意
识，以尊重民意，开发民力为施政之本。中共运城市委书
记黄有权，心系故里，对工程热情关怀。工程前期时任县
委书记现任运城市政协副主席王琦精细决策，劳神费力，
特予铭记。

　　凡此经历，勒石志之。

　　中共稷山县委书记、稷山县人民政府县长李润山敬撰

　　公元二〇〇四年八月

　　稷王庙的碑刻提供了历代为修缮庙宇捐资的名单，侧
面表现了群策群力修缮庙宇的过程。嵌刻于后稷殿墙壁的
清代石牌有二十余处，捐助者多来自官绅与商户，列举几
例如下：

　　贡生郑西洴捐银壹佰伍拾两

　　城内山货行捐银壹佰伍拾两

　　国子监太学生苏邵魁捐银叁佰两

　　例授武德佐骑尉军工议叙加一级马温捐银叁佰两

　　提货估衣行

捐银壹佰贰拾两

当代石碑《施工志略》所列捐助者名单如下：

募捐组织人员（以姓名笔画为序）

卫龙　宁怀玉　宁治顺　宁振祥　白双金　吉永贵
任良金　任连锁

孙焕谊　李树元　张克仁　张建华　张保田　杨山虎
陈因才　赵克山

赵帮喜　徐水泉　郭宏然　焦森林　曹景茂　薛石燕

刻碑铭事的传统传承至今，内容是古今一脉地讲述修缮庙宇的过程。《重建稷王庙碑记》与《修复扩建稷王庙碑铭》都详细介绍了修缮稷王庙的过程，从李景椿的撰文可以了解明代官民共赴稷王山拜祭后稷的信仰活动，后来因为路途遥远等原因而在县城内修建了稷王庙，该庙后遭遇火灾，至清代李景椿在任期间，整合社会各种力量，群策群力，重建庙宇，立碑纪念。近年撰写的《修复扩建稷王庙碑铭》同样记录了修缮庙宇这一重大事件，政府主导，号召组织各方力量，齐心协力修建了稷山县的标志性文化景观。再对比行文措辞与捐助者名单，两篇碑文只是在时代色彩上有所区别。不同时代的碑刻都呈现了大体一致的政府管理与公共领域的关系，营造的民俗空间古今无异。所形成的稷王庙碑刻资料还聚焦稷山地区为后稷故里这一问题，《七古一章》描述了"羊腓鸟覆诞育异"的后稷感生神话，作出了"天生神圣非偶然"的评述，明确提出"为问稼穑何自起，立我烝民始稷邑"。《重建稷王庙碑记》中的"稷邑为古教稼地，即后稷发迹之所"；《修复扩

建稷王庙碑铭》中的"早在唐尧时，有名姬弃者，在其邑
之南即稷王山一带，教民稼穑，创农耕之伟业，开粮食之
先河"等句都强调了后稷故里的地缘性特征。由此推论，
后稷故里的地望之争从古延续至今，成为稷山县的地方叙
事传统。

第四节　稷王庙导游的讲述事件与叙事模式

稷王庙的导游讲解模式与稷王庙文化遗迹所建构的物
象叙事模式一致，仍然是在旅游情境的故事讲述事件中强
调稷山为后稷故里。2010 年 9 月末，笔者跟随来自海拉
尔的一个家族旅游团全程聆听了稷王庙导游的讲解，导游
结合庙内景观讲述了稷王庙的修建历史及地方传说。笔者
择其要点，将修庙历史与涉及姜嫄、后稷的部分载录
如下：

稷王庙据说创建于元末明初，初时规模未知，嘉靖乙
卯年（1555）毁于大地震，明隆庆年间（1567—1572）重
修。隆庆元年（1567）三月至九月，稷山县城开始进行大
规模的修建，新筑了一丈八尺厚的城墙，东西南北竖起五
门，城墙上设 4 个角落，25 个敌台，1400 个雉堞。也是
在这一年，稷王庙重建。但因为稷王庙是木结构建筑，也
同其他中国古建筑一样难逃火劫，明嘉靖年间重建的稷王
庙毁于清道光十六年（1836）的一场无名大火中。道光二
十三年（1843），有个叫李景椿的云南人来稷山做知县。
他是个崇尚农业的官员，知道祭祀稷王对本地有着非常重

要的意义。他将重建稷王庙列入施政计划。为此，他献出了自己一年的俸禄，为重修稷王庙筹集资金。同时他带头进行民间募捐，承诺十两银子即可以刻碑入铭，所以重建稷王庙的资金问题顺利解决。工程竣工了，李景椿作为一县之长首倡重修稷王庙，欣然赋《七古一章》，镌刻于献殿西山墙上，与东山墙上平雕的图文并茂、雕工秀雅的《稷山八景图》呼应，是重建稷王庙的历史记录，也成为稷王庙旧时的一道风景。

　　李景椿不仅是政治家、文学家、书法家，还是大名鼎鼎的云南过桥米线的发明者。在清朝道光年间，建水东城外太史巷有个叫刘家庆的厨师在鸡市街头开了一个名叫"宝兴楼"的米线馆。咸丰甲寅年（1854）的一天清早，一个举止文雅、穿着讲究的人来到他的馆中吃米线。他叫刘家庆照他介绍的方法做汤来配米线吃。方法是：取一块生猪脊肉切成薄片，用淀粉水揉捏后盛于一个大碗中，淋一勺熟猪油于猪脊肉薄片上并盖上数片地椒叶子，然后再舀一大勺滚烫的豆芽鲜肉汤倒入碗里，另用一个碗盛米线。店主人照此做好后，这位顾客先用筷子在汤中搅拌片刻，再将米线挑入汤碗中吃起来。这个人就是李景椿，他在山西做官多年，回乡后仿照外省人"涮锅子"的吃法，试用淀粉水揉捏过的猪脊肉薄片氽汤食用，其味异常鲜美。刘家庆对他的这种吃法感到很好奇，问道："大新爷（旧时建水人对当地的举人、进士的尊称），你的这种吃法叫什么？"李景椿回答说："我从桥东（锁龙桥）来到桥西吃米线，人过桥，米线也过桥，我吃的是过桥米线。"随后，刘家庆采用李景椿介绍的方法烹制氽肉汤配米线卖，并以李景椿说的"过桥米线"命名，"过桥米线"由此传开。刘家庆经营的米线店传了四代人，一直使用"过桥米线"之名。之后，在建水经营"过桥米线"的人多了起来，主要有两种经营方式：一种是汤和米线统一由经营者配制，备两个碗，一个盛汤，一个盛米线，顾客买好后，先用肉氽汤，再将米线挑入汤碗中涮着吃。另一种是馆子设在米线作坊附近，馆子专卖氽肉汤，顾客将汤买好后，又到厨桌上取一小笤箕去米线作坊买米线，卖者将米线从石缸中抓入小笤箕内，顾客将米线控干水后，把米线倒入汤碗中涮汤吃。这种经营形式较为常见，几乎城内外米线作坊附近都有专卖氽肉汤的馆子或摊点。现在过桥米线早已风行全国，成为云南地方小吃的代表了。

有关姜嫄的传说数不胜数，但后稷的出生始终只有一个版本。根据司马迁的叙述，姜嫄是在一次野外的郊游中，踩在一个巨人的脚印上，心情愉悦，后来就发现自己怀了身孕。姜嫄生下没有父亲的儿子后，无法面对世人，于是就把他丢弃在巷道里，可过路的牛马皆绕道而行，没有去踩这个孩子。她又想把他抛掷于山林里，无奈林中人来人往，第二次抛弃也没有成功。第三次，姜嫄狠心把儿子扔进水中，谁知池水迅速结冰托起孩子，天上的鸟都飞来用羽翼遮盖为他保暖。更有林中的老虎跑来为他喂奶，使其不至于饥饿。三次丢弃未遂使姜嫄感到此子不同寻常，于是把他抱回家，并取名为"弃"。在司马迁的叙述里，我们知道后稷其实是有父亲的，《史记·五帝本纪》

中说，"黄帝者，少典之子，姓公孙，名曰轩辕"，"娶于西陵之女，是为嫘祖。嫘祖为黄帝正妃，生二子，其后皆有天下"，"帝喾高辛者，黄帝曾孙也"，"周后稷，名弃。其母有邰氏女，曰姜嫄，姜嫄为帝喾元妃"。传说中帝喾娶了四个妻子，除姜嫄外，叫庆都的妻子生了帝尧。从这些文字不难看出，后稷不但有父亲，而且其三代渊源均一清二楚。"劳苦功高身生周始祖，枝繁叶茂根在小阳村。"[1] 按照楹联所说，姜嫄的娘家就在稷山的小阳村。《山西通志》记载："稷王山下游蛇虎涧，相传后稷弃于此。"蛇虎涧在山南，山的东南有冰池村，村东北不远有冰池，冰池村曾建有姜嫄圣母庙，稷王山上有姜嫄庙和姜嫄陵，均毁于日寇引发的战火。这些都足以证明姜嫄与后稷的存在不是虚妄之言。据说每年的农历三月初一，闻喜县临近稷山一带的 26 个村庄轮流在这里祭祀娘娘，还专门请稷山小阳村姓姜的人到庙里献祭并看戏，是非常热闹的祭祀活动。这种源远流长的乡村社区之间友善关系的形成与延续也是一个可考的根据。美丽的传说源于美丽的生活，人们把后稷尊为神，认为生他养他的母亲自然也非凡人。"履神人足迹"隐约传递出父系氏族社会男尊女卑的思想。

当导游讲解结束后，笔者打算进一步采访导游，该导游询问笔者："是买票进来的吗？"笔者如实出示了门票，导游回答说："讲解已经结束，请您自己参观。"笔者进一

---

① 姜嫄殿前楹联。

步介绍了自己的学者身份，导游婉言谢绝："关于历史的
情况我说不清楚，我只是根据上级的指定内容①进行讲述
的，相关问题请您找文化部门咨询。"导游了解了笔者身
份后谢绝深入交谈。② 笔者继续访谈游客，他们一家人组
团来稷山县探亲，当地亲戚安排其到稷王庙游览。他们并
不了解姜嫄、后稷，大略知晓司马迁是历史学家，由此认
为当地稷王庙应该是历史文物。

　　稷王庙导游的讲述始终强调稷山县为后稷故里这一
点，并采用"由人及物，由物证人"的故事讲述模式进行
论证。笔者特意择取了"李景椿与过桥米线"这一传说。
在山西省稷山县，过桥米线与籍贯云南的李景椿建立了联
系，李景椿成为这一著名小吃的发明人。民间传说中的人
物具有箭垛式的特征，"所谓箭垛式，是指民众把一些同
类情节集中安置在某一个人物身上的现象。民间传说在塑
造人物形象时，往往将人物最具代表性的某种性格进行集
中描述，使这一性格在传说人物身上得到强化，逐渐定型
下来，形成一个具有极强凝聚力和包容性的箭垛式的人物

---

① 　导游的讲解文本重点参考了山西作家张雅茜著的《稷播丰登》，太原：山
西古籍出版社，2006 年版。

② 　事后笔者通过与当地作家协会的朋友交谈，了解到导游的问话策略。购买
门票的是普通游客，导游一般不予理睬；如果是上级安排的访客，一般不用买门
票或上级有通知。笔者以游客身份进行的此次田野调查并不成功，缺失讲述者访
谈的环节。相比于导游"多一事不如少一事"的态度，努力挖掘地方文化资源的
地方文化学者非常热心地向访谈者介绍自己的研究成果，期望向外界宣传，扩大
影响。从两个群体对访谈者的不同态度可以反映出两个群体的关注点与利益诉求。

形象"①。物产传说有机地附着在当地名人身上，形成"箭垛式"的人物形象，构成了"由人及物，由物证人"的故事讲述模式。

"从发生学的角度来看，民间文学是人类的行为和思维在其所直观感知的生活世界的一种构形，人的行为和所处的生态时空背景相互作用，相互阐释，从而产生民间口承文本的意义。"② 与李景椿和过桥米线传说的生成路径同理，姜嫄与小阳村、后稷与蛇虎涧及冰池村等诸多人与物的关系构成了"由人及物，由物证人"的故事讲述模式。

第五节　后稷感生传说写本的定位

当下有关民间叙事的研究多将目光聚焦于"表演理论"。在表演理论中，表演经常被当作一种"核心性文本"置于"具体的语境"中加以关注和讨论，以下内容和要素均受到重视："(1) 特定语境中的民俗表演事件。(2) 交流的实际发生过程和文本的动态以及复杂的形成过程。(3) 讲述者、听众和参与者之间的互动交流。(4) 表演者的即兴性和创造性。(5) 表演的民族志考察，强调在特定

---

① 刘守华、陈建宪：《民间文学教程》，武汉：华中师范大学出版社，2009年版，第 59 页。

② 江帆：《生态民俗学》，哈尔滨：黑龙江人民出版社，2003 年版，第 277页。

的地域和文化范畴、语境中理解表演。"①

　　参照上述理论，笔者将周公庙与稷王庙的两则后稷感生传说讲述事件定位为一次表演事件，一次在旅游情境中具有互动性的语言艺术活动，注重考察导游这一故事讲述者的表演及其意义的再创造、表演者与参与者之间的交流以及各种社会权力关系在表演过程中的交织与协调，对"叙事文本""叙事事件""被叙事事件"进行解读，剖析"故事讲述事件"发生的深刻缘由。

　　首先讨论后稷感生传说的叙事文本，叙事文本包括相关历史文献与导游讲解所参考的写本。② 文献与写本载录的都是后稷感生传说的异文，后稷感生传说属于"神奇诞

---

　　① 杨利慧：《表演理论与民间叙事研究》，载于《民俗研究》，2004 年第 1 期。

　　② 本书所引用"写本""内部写本""外部写本"概念参见陈泳超：《"写本"与传说研究范式的变换——杜德桥〈妙善传说〉述评》（《民族文学研究》，2011 年第 5 期）本书沿用其"写本"概念，对写本作者则用"写手"一词指称，并拟以写手身份和该写本传播流布的范围为双重标准，将民间传说的写本区分为"外部写本"和"内部写本"两类。"内部写本"是指由长期生活在传说圈内、浸润本地文化传统的传说演述者处于一定动机自发书写的传说文本，其流通范围主要局限在该地。而不同时具备这两个条件的写本则一律看作"外部写本"，譬如史籍和方志中记载的传说、广泛流行的小说戏曲等通俗文学作品、"中国民间文学三套集成"等。内部写手兼有本地传说的日常演述者和写本作者的双重身份，外部写手则仅具有后一种属性。而无论写本的读者群和流通范围如何，只要最终的流通范围仍局限在这一地方，就将其归入内部写本，包括写手希望自己的写本向外部流通却遭到失败的情况。参见王尧：《内部写本与地方性传说——以"洪洞县接姑姑迎娘娘"传说圈为中心》，载于《民族文学研究》，2011 年第 5 期。笔者将导游参考讲述的文本、《民间故事集成》资料本、其他文字资料本统一成"写本"这一术语。

生"的故事类型①，"'类型'作为对诸多事物根据其某一内在的或外在的相同特点而进行的归纳和提炼，是人类智慧在认识事物和分析事物的客观规律时，从个别到一般，从具体到抽象，从现象到本质的长期过程的一个发明"②。在民间文艺学范围内，"'类型'研究的主要特点就是把同一故事的多种异文集合起来进行比较、分析、综合，既可以从'大同'之中看出它们共有的母题、思想文化内涵及艺术情趣等等，展现出故事的原型，也可以从'小异'之处看出不同文本的民族地域色彩以及讲述人的个性风格等等，这样，我们对一个故事就可以获得比较完整而确切的印象了"③。类型化是中外民间故事的一个重要特征，类型的确立依据的是民间故事记录文本，大量的记录文本（即异文）是进行民间故事类型研究的前提。在中国民间故事类型谱系中，异文与类型"这两者互为指称，类型由数量不等的异文构成，没有异文也就无所谓类型。只不过异文关乎文本之间的联系，而类型则是一个文本群的概念，一种类型被给予了一个特定的指称。类型是就其相互

---

① "类型"作为文学评论中的一个术语，其概念并没有统一的界定，就一般作品而言，类型表现为一个主题相对集中的完整故事。美国学者汤普森对"类型"的解释为："一种类型是一个独立存在的传统故事，可以把它作为完整的叙事作品来讲述，其意义不依赖于其他任何故事，当然它也可能偶然地与另一个故事合在一起讲，但它能够单独出现这个事实，是它的独立性的证明。"参见［美］斯蒂·汤普森：《世界民间故事分类学》，郑海等译，上海：上海文艺出版社，1991年版，第499页。

② 金东勋：《朝汉民间故事比较研究》，沈阳：辽宁民族出版社，2001年版，序言，第3页。

③ 刘守华：《中国民间故事类型研究》，武汉：华中师范大学出版社，2002年版，第23页。

类同或近似而又定型化的主干情节而言的，至于那些在枝叶、细节和语言上有所差异的不同文本则称之为'异文'"①。后稷感生传说在历史的纵向传承中形成了诸多异文，后稷感生传说与稷祀文化是中国传统农业社会非常重要的神圣叙事和祭祀活动，一方面，后稷传说与稷祀文化一直处于发展演变中，从而拥有了一个庞杂的文本体系；另一方面，就目前学界的相关成果而言，后稷感生传说吸引了众多学者的关注，他们对相关文献的钩稽、推演，构成了一个异彩纷呈、错综复杂的知识体系。

周代的后稷感生传说伴随着西周的强大而不断丰富，在权力话语的支配下后稷逐渐确立了由始祖神到农业神再到国家保护神的地位。后稷感生传说作为一种神圣叙事，体现的是古代政治、宗教的叙事规范。围绕着后稷的所有神圣叙事，都具有极其明显的神化祖先、凝聚族人、强化王权的政治动机，后稷感生传说蕴含的价值取向证明着王族的神圣与政权的合法。始祖的感生传说亦与根基性族群认同有着天然的联系，"最能够激发这种根基性亲属情感和先祖意识的莫过于族群起源（ethno genesis）的传说，这种传说让族内人在对祖先的共同依恋中形成了强烈的集体意识。族群认同是以族源认同为基础的，以对相同族源的认定为前提。族源是维系族群成员相互认同的'天赋的

---

① 万建中：《20 世纪中国民间故事研究史》，北京：北京师范大学出版社，2011 年版，第 152 页。

联结（primordial bonds）'"①。后稷传说群构成了周代一组典型的自成系统的人文神话。

后稷传说的生成与演变是一个动态的进程，由于文献产生的时代、文献记录的来源以及目的不同，形成了不同时代、不同系统、不同动机的异文文本。这种动态系统与特定的话语权密切相关，例如，关于后稷的相关传说存在着三大叙事系统：一为帝喾系，二为烈山氏系，三为帝俊系。帝喾的后裔建国后，选择那些能体现他们利益诉求的后稷传说记录于《生民》《尧典》等篇章中，从而建构了一种权威叙事。而其他两个系统流传的后稷传说，则在春秋后期至战国这一周王室衰微时期才从民间浮现并得以记录，载入《山海经》等典籍中，属于民间叙事。不同时代记录传播的文本构成了后稷传说的异文集成，建构了后稷感生传说类型。

关于"异文"的产生，钟敬文曾有过明晰的阐述："故事是民间许多聪明好事的人，创作起来，传述开去的，他们对它可以随时增加或减少，变换或粉饰，不但它的外形要因时因地而不同，就是它的内容也要为了他们的口味儿改变。"② 钟敬文将民间故事传承过程中表层形态变异的状况表述得通俗而又准确，变异性与传承性是民间故事的生命和活力。以《生民》中记载的后稷感生神话为源

---

① 万建中：《民间文学引论》，北京：北京大学出版社，2006 年版，第 188 页。

② 钟敬文：《呆女婿故事试说》，见《钟敬文文集》（民间文艺学卷），合肥：安徽教育出版社，2002 年版，第 580 页。

头，后稷感生传说就一直在变异中传承，在传承中变异。在传说内容方面，《生民》与《史记·周本纪》中的弃子之缘起、抛弃之地点、救助之过程、最终之结果等要素在当代传说写本中都有所不同，《生民》中"履帝武敏""先生如达"是后稷被弃的基本原因。而当代传说写本中后稷被弃的原因为姜嫄"无夫而孕"，担心受到社会舆论谴责，写本与当前社会环境的伦理思想契合。在传说的叙事结构方面，当下写本中的叙事结构与《史记·周本纪》所载并无差异，三弃三收的"三段式"结构形态一般都是固定成型的，主要情节保持不变，仅在细节上有所变异。例如，稷王庙写本增加了弃子之后水瞬间结冰的神奇性内容。"三段式"结构中的附加内容是有限的，写本作者和讲述者对传说的某些内容进行调整，在引入其他附加意义时，必须找到与原有故事的契合点，不能破坏"三段式"①结构。正如俄国学者普洛普所强调的："故事内容是可以置

---

① 在民间故事中，幻想性强的故事和生活故事经常采用"三段式"（或称"三迭式""三段论"）的结构手段来编排情节，形成布局。所谓"三段式"，是指类似情节反复出现三次或多次。这类似的三件事可以是一个人做的，也可以是三个人做的。每件事情实际构成了一个相对完整的情节序列（sequences）。归纳起来，"三段式"成为民间故事稳定结构的原因有三：一是口头文学的基本要求。重复可以强化人们对口耳相传的故事的记忆作用，也符合接受者尤其是儿童的接受需求。二是编排故事情节的需要。"三段式"是设置悬念和揭开谜底的一整套创作模式。同时，一波三折的故事情节、不断制造的"悬疑语码"（hermeneutle code）也符合讲述心理和接受心理。三是民间认为"三"是带有可靠性的数字，故有"事不过三"之说，这是数字观念在民间故事结构中的反映。参见万建中：《民间文学引论》，北京大学出版社，2006年版，第212~215页。

换的，但置换必须服从规则。"① 也就是说，特定的知识能否进入既定的规则体制，要视其是否具有相应的品质，保持《生民》篇原有的叙事结构，对当下传说写本是非常有意义的。"三段式"结构既要提供一定的"量"（人物、事件等）以满足听众的接受欲，同时又不能逾度，在故事讲述中避免听众陷入厌倦状态，"叙述实际是一种传播，传播需要有接受的对象，在传播中存在着这样一种矛盾：没有反复刺激，接受对象对传播的信息不会留下深刻的印象；但是，过量的重复信息又会使接受对象厌倦，产生抗拒心理。因此，叙述中对'度'的掌握是一项关系重大的学问。选择'以三为度'是在矛盾中保持巧妙的平衡，既维持一定的刺激量，同时又不至于把读者赶跑"②。旅游情境中传承与变异的一系列写本构成了后稷传说的口头传统。

曹书杰在其专著《后稷传说与稷祀文化》中专题论述

---

① ［法］列维·斯特劳斯：《结构人类学》，陆晓禾、黄锡光等译，北京：文化艺术出版社，1989年版，第134页。
② 傅修延：《说"三"——试论叙述与数的关系》，载于《争鸣》，1993年第5期，第81页。

了"后稷感生传说"，以《生民》为基点[①]，分析了两汉
诸家的解读文本，提出其分歧的核心是对"履帝武敏歆"
"以弗无子"两句解读的不同，从而推导出后稷有父与否、
有父为谁、无父何以生、三弃之故等诸多分歧。这种分歧
主要表现为今文经学和古文经学两种学派认知的不同，但
本质上体现的是解读者所处时代的社会基本观念、集团的
政治利益，个体间的认知差异只是一种表现形式。全书结
合民族学、民俗学的相关材料探讨《生民》所反映的婚姻
形态、社会组织形态、上古民俗和周人祖灵观念等，透过
古今文纷争的表象，明晰了"主观真实与历史真实"的区
别问题，为学术界众说纷纭的后稷感生传说提出了一个比
较合理的解释。[②] 在周公庙与稷王庙活态的关于后稷感生
传说的故事讲述事件中，传说的变异与传承仍旧是在"主

① 注释：曹书杰虽然在专著中没有采用民间文学的术语"异文"，但在文中
列举了《古史辨》中的后稷感生传说作为传说变异的例证，并就此现象提出了相
关见解。参见曹书杰：《后稷传说与稷祀文化》，北京：社会科学文献出版社，
2006 年版，第 210 页。在《生民》文本产生之前的情况已经无法考证，但是《生
民》文本形成之后的情况尚可求征。例如《生民》三弃之一的"置之寒冰"，山西
晋南地区的民间传说是："姜娘娘当女子时，有一年冬季雪后，她独自个到场里去
拖柴；但是大雪之后，场里是一片雪，她就无处下足。适有新从雪中走过的一行
很大的足迹，她即履其迹而行。因为那是神人的足迹，从此她身怀有孕。及胎满
出丑，她的母亲就叫她骑了一头骡子，到野外去生……她生产后，即将胎儿抛在
池中。时值六月，池水忽结成冰，儿得不死。还有些鸟儿下来，护着胎儿。这胎
儿就是现在的稷王爷。相传现时冰池村池陂里，每年六月还要结冰一次。"（崔盈
科：《姜嫄之传说和事略及其墓地的假定》，见《古史辨》第二册，海口：海南出
版社，2002 年版，第 102 页）由此可以看到传说在民间流传过程中所表现出的某
些特点，其中最重要的特点是，传说的基本原型没有变，但是具体情节已经体现
了后代社会的生活风貌和情感观念。
② 具体内容参见曹书杰：《后稷传说与稷祀文化》，第四章第二节"当代研究
者的分歧"，北京：社会科学文献出版社，2006 年版。

观真实与历史真实"两种状态的纷争中进行的。

曹书杰在《后稷感生传说的文化内涵解析》一文的结尾处提到:"当人类远去神话时代后,神话存在的社会背景和主观意识已被掩盖,后世的人们只能在自己具有的知识范围、认识水平内提出自己的见解,根据自己具有的社会观念对古远神话作出解释。所以,后世对《生民》诠释和史书描述上的种种分歧和对立,也就可以理解了。《生民》的'帝'是神?是人?'无父感天而生'但言受上帝之灵迹而孕,不言后稷有父无父,虽然不合人的生育,但符合诗的本义,它是周人崇拜祖先的心理情感和攀附上帝的思想观念的主观真实,今文家把这种主观真实当成客观真实加以阐释或叙述,以证明后稷真是无父的上天之子,这当然是荒谬的。'有父非感天而生'但言有父为帝喾,不言踏上帝之灵迹而孕,虽然符合人的生育现象,但不合诗的本义,古文家完全从汉代的社会结构、婚姻形态、伦理观念出发,也把《生民》所体现的主观真实当成客观真实加以阐释,以证明后稷是姜嫄与帝喾的婚育之子,这绝非周人的观念,也与姜嫄、后稷时代的家庭婚姻、部族风俗不符。'有父并感天而生'者,既言有父为帝喾,又言踏上帝之灵迹而孕。但是,三者有一个共同的问题,即混淆了主观真实与历史真实的区别,这是不同学派认识上的时代局限和个体差异,也是人类认识水平的发展过程的必然阶段，又是一定主观意识的真实体现。"① 曹书杰概括了各种表象背后的本相，"主观真实与历史真实"框架内的各类辨析纷争构成了后稷感生传说的叙事传统，延续并影响到当下的后稷传说写本。

当下传说写本的创作是一个选择、参考、利用古史文献的知识生产过程。周公庙与稷王庙两位导游参考的写本都是上级部门指定专用的，作者不明及蕴含了"无父而生"提法的《生民》未成为导游讲解的依据。而两位导游使用的写本都以司马迁的《史记》为蓝本，采纳后稷有父亲的说法，彰显了写本的真实性。此类选择行为映射了写本作者的历史观，将后稷感生传说进行真实性、科学化的处理是两则写本一致的基调。两则写本的结尾都用当下的历史观对故事中的神异情节进行了解释，例如周公庙写本的结尾是："为什么有抛弃孩子的事情发生呢？当时是由母系社会向父系社会过渡的时期，经历了一个'知其母不知其父'的时期，所以神话中所讲的故事都有真实的影子。"而稷王庙写本直接说明了感生神话的成因："美丽的传说源于美丽的生活，人们把后稷尊为神，认为生他养他的母亲自然也非凡人，'履神人足迹'隐约传递出父系氏族社会男尊女卑的思想渊源。"

地方文化工作者出于某种动机而编撰的传说写本成为后稷感生传说的异文，经当地政府管理部门认可后成为对

---

① 曹书杰、王志清：《后稷感生传说的文化内涵解析》，载于《民俗研究》，2011 年第 2 期，第 176 页。

外宣传的权威说明，顺理成章地成了当地导游的参考资料。不同地区"再语境化"后的写本仍然是在辨析"主观真实与历史真实"的框架内进行的。写本作者考虑到后稷感生传说的神奇性不符合当下人的历史观，于是进行了科学化的处理，通过剖析神话与真实的联系，努力给出一个符合当下人认知的合理答案。后稷感生传说的两则异文在辨析、处理神话与历史这一关系上呈现出相同之处。

另外，在体裁学方面，与历史文献载录的后稷感生神话相比，当下的写本的体裁发生了变化，两个导游在讲述过程中不约而同地完成了从后稷感生神话向后稷感生传说的转化。在处理后稷传说的称谓方面，曹书杰曾策略性地采用"后稷传说"这一提法。① 在民间文学范围内，"传说的突出特点是它与特定的自然或社会事物相关联，以明确的'这一个'人物、地方、史事、风俗、自然物或人工物等为对象，借以创造多种多样的故事"②。在现实故事

---

① "后稷传说是历史传说、神话传说？上古历史与原始神话之间有着'剪不断，理还乱'的联系。后稷是介于神话与历史之间的传说人物。关于他的种种传说，究竟哪些是历史传说、哪些是神话传说、哪些是原始传说、哪些是再生传说（甚至是后人的假说），对这些'传说'，说是历史可又包含了太多神话传说的内容，说是神话可又隐含某些历史的因子。正因为如此，所以本文研究我们并不冠'历史''神话'这样的定语，只统称'后稷传说'。文献记述的后稷故事和传说可相对分为三类：一是来自先周——西周建国以前比较原始的传说；二是西周至战国时代逐渐流传的传说，其中有些也许是自先周流传下来的，有的是当时衍生出来的；三是汉晋以来在诠释文本或解释某些社会现象时而产生的种种假说，我们把它也称之为'传说'，只是受语言表述的限制不得已而为之。"参见曹书杰、王志清：《后稷感生传说的文化内涵解析》，载于《民俗研究》，2011年第2期。

② 许钰：《口承故事论》，北京：北京师范大学出版社，1999年版，第4～5页。

讲述事件中，周公庙写本与稷王庙写本都不同程度地进行了"在地化"处理，不同地域的写本都具有"在地化"的空间特点，周公庙写本将祈子地点安排在周公庙，时间设置为姜嫄祈子庙会的阳春三月。稷王庙写本将姜嫄娘家安排在小阳村，其中未婚而孕、羞于见人的弃子原因，三弃三收的故事情节等都具有了时代特色与地方特色。因此写本应称为后稷感生传说，《生民》与《史记·周本纪》① 所述资料应称为后稷感生神话。

《生民》的"民"为周族的先民后稷，"生民者"为后稷的母亲姜嫄。全诗凡 8 章 72 句 296 字，是叙述周族历史和传说的"史诗"之一，是一篇情节完整、形象生动、故事感人的后稷略传。前三章是全诗的第一组，叙述姜嫄因为"履帝武敏歆"而怀孕及后稷出生后被三弃而不死的神奇故事，是后稷感生传说的最早文本，其文如下：

厥初生民，时维姜嫄。生民如何？克禋克祀，以弗无子。履帝武敏歆，攸介攸止。载震载夙，载生载育，时维后稷。

诞弥厥月，先生如达。不坼不副，无菑无害，以赫厥灵。上帝不宁，不康禋祀，居然生子！

诞寘之隘巷，牛羊腓字之；诞寘之平林，会伐平林；诞寘之寒冰，鸟覆翼之。鸟乃去矣，后稷呱矣。实覃实讦，厥声载路。

这组诗文描写了后稷感生的三个过程：第一，后稷之

母姜嫄虔诚地祭拜"禖祀"、履践了"上帝"的足迹而怀孕;第二,上帝不负姜嫄的祈望让其如愿以偿地顺利生下了儿子;第三,后稷降生之后被抛弃在窄巷、平林、冰上而不死。诗文极力渲染后稷降生过程的神异,意在表明后稷乃上帝恩赐之子,以增强人们对周族先祖的敬仰和崇拜。

曹书杰认为:"《生民》后稷感生的传说是有关周族始祖起源的古远传说的记录,有着漫长的流传过程,其中自然传递了姜嫄、后稷时代的某些社会历史信息,但也必然体现着流传过程中的不断改造、递增的某些社会因子(如生活习俗、生活方式、思想观念等),特别是《生民》文本形成时代的周人祖先崇拜和上帝观念。我们认为,后稷感生传说在其文本——《生民》产生之前已经有了1000多年的流传过程,所以,《生民》既保留了某些原初的基本内容,也融入了某些后世的文化因子,也就是说其内容既不都是原初的形态,也不都是'文王兴盛'时期的形态,应该是在原初形态的基础上逐渐演变而成的。"①

感生神话是古代神话的一个重要类型,"'感'字作为一个多义词,从训诂角度讲与'咸'或'甘'相通,有'接受'之意,常作为中国文化中表示阴阳交合的隐语之一。如《释名》中解释为:'甘,含也。''感'字又与'出生'相关,如古代的日出之名'咸池''甘渊'等,这

---

① 曹书杰、王志清:《后稷感生传说的文化内涵解析》,载于《民俗研究》,2011年第2期,第166页。

些名字也暗含了事物产生的意思。感生神话的基本主题是人类的起源问题"[1]。后稷感生神话伴随着西周的强大立国，与周代的宗教祭典、农业事功以及周族的政治经历、身世家事紧密联系、不断丰富起来。后稷不仅是周族的氏族保护神，也是全载大地的保护神，还是"克配彼天"的始祖神，在周代三大祭祀系统——祖庙、郊天、社稷当中，后稷都享受着最高的祭礼，被赋予仅次于昊天上帝的神权。后稷感生神话是王权政治神秘力量的代表和合理存在的依据，是社会政治集团实现自己意志和利益的重要手段，是中国周代政治神话的重要组成部分。

"神话向传说的演进，大致有三种途径：一是历史化。某些神话在口传的过程中逐渐变成了传说文本，或者说，某些神话文本被当作远古的历史仍在口头讲述。黄帝、颛顼、帝喾、尧、舜、禹，这些远古的神话人物都被后来的史官历史化，出现许许多多有关的传说故事。其中鲧、禹治水，便是从神话演变为传说的一个范例。二是地方化。在流传过程中，古老的神话如果同某一历史事件、人物或者地方风物、习俗融化一体，就会演变成为地方传说。三是传奇化。随着人们创作能力和加工意识的增强，上古神话固有的幻想情节得到了重点扩充，有些作品变成了曲折离奇而又亲切可信的民间传说。"[2] 由此可知，后稷传说

---

[1]　王宪昭：《中国少数民族感生神话探析》，载于《理论学刊》，2008 年第 6 期。

[2]　巫瑞书：《传说探源》，见《中国民间传说论文集》，北京：中国民间文艺出版社，1986 年版，第 11~14 页。

写本具备了历史化、地方化、神奇化三点。传承至今，后稷感生神话已经演变为后稷感生传说，后稷感生神话属于宏大叙事，关注全民族的重大事情，而后稷感生传说则关注具体的人和事，如周公庙、小阳村等。"神话与传说最大的区别是描绘的时间：神话描写太古开天辟地时，即史前时代，传说描写历史时代，大部分是历史人物。神话的功能是解释最基本的概念和东西的来源，如宇宙、太阳、人类起源。传说也有解释的功能，但大多不是解释基本的东西，内容不是全世界、全人类性的，而是次要的、地方性的，如地名的来源，植物或动物的特征来源等等。传说常常把这些特征与历史人物的活动联系起来。"①

后稷感生神话交织着原始逻辑和艺术思维，不单单属于文学范畴。神话揭示了当时的社会秩序，从概念上说，神话和原始宗教相关，传说与历史相关。"随着社会文化的发展和人的思维的进步，一些古代神话在流传过程中往往发生种种变化，新的神话的产生也渐渐减少，以至消失。传说的特点较能适应社会历史的发展，从而在原始时期以后继续繁荣发展，直至现代仍然有新的创作出现。"②因此，后稷感生传说在当下迎合时代诉求，仍然继续被生产出来，"传说叙事延续了神话叙事，但传说不像神话那样以原始思维为基础，传说依附的不是神话，而是所谓的

① ［俄］李福清：《〈西游记〉与民间传说》，见《古典小说与传说》，北京：中华书局，2003年版，第209页。
② 许钰：《口承故事论》，北京：北京师范大学出版社，1999年版，第5页。

具体的历史事件和实有的物态"①。

当然，后稷感生传说是对后稷感生神话的继承，两者为流与源的关系。从体裁学的角度来看，从神话到传说的嬗变具有质变的性质；从夸张等艺术方法来看，从神话到传说的递嬗又明显有着浪漫手法的传承轨迹，"履迹生子""三弃三收"等故事情节具有诸多共性。总体而言，神话和传说的幻想性都不是凭空而来的，而是以现实为基础的，但是后稷感生传说以特定的人、事、物为依据，更加具有现实性。传说的幻想性是自觉的，而神话的幻想性是不自觉的。相对于后稷感生神话的神圣，后稷感生传说是世俗的，与神圣、崇高和仪式没有关系。如果说神话是"不自觉"的产物的话，那么传说就是人们有意识的创作和讲述。综上所述，后稷的神奇诞生事迹在历史文献中以感生神话形态存在，在当下写本中呈现为后稷感生传说。

第六节　后稷感生传说讲述事件的深描与阐释

考察当下后稷感生传说的存在形态，需将关注焦点从现成的文字文本转移到故事讲述事件。本节围绕着后稷感

---

① 万建中：《民间文学引论》，北京：北京大学出版社，2006 年版，第 170 页。

生传说对讲述者与听众展开评述，即探讨表演理论①所强调的"叙事事件"与"被叙事事件"。首先，综合比较并概括两地两位导游的讲述过程即"叙事事件"的类型化特点，并分析两位导游的自我评价。二者都强调讲解内容参

① "鲍曼（Richard Bauman）认为，表演是一个有机性的概念，它把艺术活动、表现形式和审美反响包括在一个概念框架里，并且，这样的表演总是发生在特定地区的文化观念和情景中的。在《故事、表演和事件》（1986）一书中，他将民间叙事表演解构为三个部分：叙事文本、叙事事件、被叙事事件。所谓叙事文本即指我们寻常所说的故事文本。叙事事件是指发生在特定地区的文化观念和情境中的叙事活动，它包括叙事所涉及的民俗生活以及由多种文化因素互动构成的表演空间。而被叙事事件则指与叙事相关的、对叙事具有深层制约和影响作用的社会政治、经济、文化、制度、历史等背景因素，可视为民间叙事作品的'上下文'。他认为，叙事表演所传达的不只是文本的内容与意义，表演过程还附加着许多与文本相关的特殊意义，研究者若不深及于此，很难获得民间叙事的真正含义。"（参见江帆：《民间口承叙事论》，哈尔滨：黑龙江人民出版社，2003年版，第130页）表演理论作为一种探讨口承文学沟通表达的基础概念与架构，西方学者将其重点归纳为以下内容："1. 讲述时的技艺与其所含意义，包括讲述时的音调、速度、韵律、语调、修辞、戏剧性，与一般性表演技巧等等。2. 讲述过程中所有参加者，包括'作者'、讲述者、听众以及研究者之间的各种互动、反应行为。3. 讲述时的各种非口语的因素，包括姿态、表情、动作，甚至于音乐、舞蹈、服装、布景、非口语的声音、颜色等等，也有传递、表达的含义。4. 讲述人的个性特征、身份背景、角色以及其文化传统更是关键要素。5. 讲述时的'情境'也是重要的项目。"（参见李亦园：《民间文学的人类学研究》，载于《民族艺术》，1998年第3期）我国学者对此也有相似的理解。如有人将表演理论的要点概括提炼为对"讲述情境"的全面把握。"情境"一般指称特定事件的"社会关系丛"（social relation complex），它通常包括以下因素：人作为主体的特殊性、时间点、地域点、过程、文化特质及意义生成与赋予。认为表演理论"着重的是'情境'中没有固定文本约束的个体的创作、个人的体验、个人的意志表达，每一个参与者包括讲述者、听者、研究者之间的理解与诠释都是个体行为，他们构成一个多向互动的关系丛，整个口传活动过程中的个人都有演示文化与自我的权力……口传的内容、形式、口传活动的参与者包括讲述者、听者、研究者与社会布景共同建构起一个特定的'表演舞台'"。［参见黄向春：《自由交流与学科重建：文学人类学的提出》，载于《辽宁大学学报》（哲学社会科学版），1998年第4期。叶舒宪：《文化与文本》，北京：中央编译出版社，1998年版，第20～21页］

考了单位提供的文本，自己不是讲述权威①，如果想进一步了解相关情况需咨询她们的上级部门，并且不约而同地强调自身不具有权威的解释能力而不愿意透露姓名。两位导游都是进行职业性的讲述，该特点与民俗学家研究的故事家现象不同，民俗学家对故事家的生活史、个性特征等专题研究都是在民间语境中进行考察的。日本学者野村纯一将故事讲述者分为两种类型——纯传承型与创造型。以笔者多年来在多地考察民间故事讲述者的实际情况来看②，一些较有名气的讲述者很少属于那种墨守成规、带有极大转述性质的纯传承型的故事讲述者，他们多是那种创造型的故事讲述者。③ 江帆曾在著作中提到："我们发现，民间确有一些高明的讲述者，尤其那些可讲述几百则故事的传承者，他们储存故事，并不依赖对故事情节的机械背诵，而是凭借掌握故事的结构章法，谙熟故事的程序

---

① 该情况与笔者 2010 年 8 月在湖北省鹤峰县三家台蒙古族村访谈当地村民了解族源传说的情况类似。当地村民委员会编撰了一份《中营乡三家台蒙古族村简介集锦》，其中记录了讲述祖先来源的陈美所传说，笔者在走访普通村民的过程中听到的传说框架大致相同。普通村民对传说没有特别的兴趣，只是大略知道传说框架，不关注传说的整体系统和具体细节。在被追问具体细节时，往往会推荐村党支部书记部玉池等人。可以说在陈美所传说这种集体记忆的知识生产中，村民认为底层精英的叙述才具有权威性。或者有的普通村民直接说："书上就是这么写的（指编的小册子）。"普通村民非常相信文字的权威，"底层精英"自己编订的册子几乎成了传说的范本。可从日常生活的视角考察导游与普通村民的类似讲述心态，日常生活的经验模式是力求简约化。

② 1988 年日本国学院大学教授野村纯一曾对辽宁故事家谭振山进行专访，其间谈及这一观点，辽宁大学江帆教授记录（参见江帆：《民间口承叙事论》，哈尔滨：黑龙江人民出版社，2003 年版，第 94 页）。

③ 笔者近年来访谈过民间文学类国家级非物质文化遗产传承人谭振山、杨铁龙、那木吉勒、吴明祥、吴宝臣等人，他们都属于创造型民间故事讲述者。

和套路——如故事程序化的主题、情节结构、表述方式，以及多年积累的大量'故事素'的灵活调用。讲述时，他们随时利用已经内化的知识，根据不同的情境，听众的不同反应，对故事情节进行取舍、组合、优化和加工。"①与此对比，两位导游属于纯传承型的故事讲述者，不是"积极的传统文化携带者"。她们根据工作需要，严格按照单位提供的写本进行讲述。在讲述内容方面，周公庙导游讲述的是岐山县后稷传说版本，稷王庙导游采用的是稷山县传说版本，地域性成为二者讲述内容的区别。在讲述者个人风格方面，二者虽然都是纯传承型的故事讲述者，但也在内容选择方面有所区别，例如周公庙导游策略性地放弃讲述后稷感生传说。

其次，讨论讲述者如何理解写本的问题。综观周公庙的三次故事讲述事件，该导游前两次在后稷殿前讲述了后稷农业事功传说，主动回避了对游客讲述后稷感生传说。第三次经游客要求后，按照单位提供的文本照葫芦画瓢地进行讲述。该导游解释，因为其能力有限，不能清楚地回答游客提出的关于神话与历史的关系问题，担心游客提问时遭遇无言以对的窘境，从而影响工作评价，所以策略性地选择了讲述后稷农业事功传说。由此可见，故事讲述者在后稷感生传说的理解方面存在历史观与神话观冲突的困扰，而"后稷殿前必言后稷"的工作需要要求其进行传说

---

① 江帆：《民间口承叙事论》，哈尔滨：黑龙江人民出版社，2003年版，第139页。

讲述，于是，周公庙的后稷感生传说在"主观真实与历史真实"辨析不清的思维框架中继续讲述、传承。

综合周公庙导游的访谈记录与选择性的讲述行为，可以探讨当代人的神话观①问题。后稷感生传说（或曰后稷感生神话）载于《史记》，但故事讲述者对其中的"履迹而生""三弃三收"等内容存在着认知困惑。神话是什么？关于神话的不同定义，"是由解释者各自的观点所决定的。因为，如果不是根据神话本身，而是根据神话的功能，根据神话过去曾如何为人类服务、现在又能如何为人类服务来进行考察，那么神话就像生活本身一样，是顺从于个人、种族、时代的妄想和需要的"②。在我国，马克思对于神话的定义具有权威地位，马克思在《〈政治经济学批判〉导言》中说："任何神话都用想象并借助想象以征服自然力，支配自然力，把自然力加以形象化，因而，随着这些自然力之实际上被支配，神话也就消失了。"在同篇导言中，他又说神话"是在民众幻想中经过不自觉的艺术方式所加工过的自然和社会形式本身"③。这一关于神话

---

① 学界对"神话观"并没有明确的界定。笔者认为，演述人的神话观是指演述人在长期的神话演述实践中形成的对神话的本质、功能和意义等较为稳定的看法。演述人在演述活动中，告诉我们的不仅仅是一则故事，实际上，神话演述还是他们自我表达和自我实现的途径。他们往往将自己对神话的看法在演述活动中自觉不自觉地表达出来，体现出他们对神话的认识。研究讲述人的神话观，对于我们正确理解他们如何看待神话、如何利用神话以及对神话持有种态度等问题十分重要。参见杨利慧：《现代口承神话的民族志研究——以四个汉族社区为个案》，西安：陕西师范大学出版总社有限公司，2011年版，第129页。

② ［美］约瑟夫·坎贝尔：《千面英雄》，张承谟译，上海：上海文艺出版社，2000年版，第392页。

③ 《马克思恩格斯选集》第2卷，北京：人民出版社，1972年版，第113页。

的定义被我国神话研究者奉为经典，影响广泛。据笔者观察，导游大致持此观点。

当下处于"自然力的实际上被支配"的历史发展时期，不再具有产生"不自觉的艺术方式"的社会条件了，普通读者对历史文献中的后稷感生神话必然产生认知困扰。关于神话在当代被如何理解的问题，阿兰·邓迪斯的一段相关论述给出了较为合理的解释："神话是关于世界和人怎样产生并成为今天这个样子的神圣的叙事性解释……其中决定性的形容词'神圣'把神话与其他叙事性形式，如民间故事这一通常是世俗的和虚伪的形式区别开来……术语神话（Mythos）原意是词语或故事。只有在现代用法里，神话这一字眼才有'荒诞'这一否定性含义。照通常说法，神话这个字眼被当作荒诞和谬论的同义词。你可以指责一个陈述或说法不真实而说'那只是一个神话'（名词'民间传说'和'迷信'可能产生同样相同效果），但是……不真实的陈述并非是神话合适的涵义。而且神话也不是非真实陈述，因为神话可以构成真实的最高形式，虽然是伪装在隐喻之中。"①

与周公庙导游的被动讲述相比，稷王庙导游是主动讲述后稷感生传说的，其并没有周公庙导游那种历史观与神话观的认知纠结，讲解内容直接采用指定的写本，强调稷山县为后稷故里。关于后稷的地望问题，当下学术界存在

① ［美］阿兰·邓迪斯：《西方神话学论文选》，朝戈金等译，上海：上海文艺出版社，1994年版，导言第1页。

不同的观点："根据《生民》记录的传说可以知道，周人记忆中的始祖后稷在一个叫'有邰'的地方建立了自己的家室，不窋之前，周的先人似乎一直在有邰繁衍生息，到不窋时代方迁徙离去。所以，'有邰'就是后世周人记忆中的祖居地，有邰的地望就成了考察周人族源的重要因素，也是先周史研究中的重大学术分歧之一。关于'邰'的地望，古代本无大的分歧，一般都认为在今天陕西省的关中地区。自20世纪30年代以来，在关中说之外，又相继产生了两种新的具有代表性的说法——晋南说、山东说。"① 山西稷山虽然位于后稷文化圈，但其一直强烈呼吁晋南为后稷故里，并通过导游讲解等诸多途径积极造势。稷王庙导游在讲述了后稷诞生的"三弃三收"情节后，介绍了后稷的家族谱系，然后强调姜嫄的故乡就是稷山县的小阳村，用历史文献和现实物证（即"历史真实"）来弥补传说（即"主观真实"）可能给听众带来的不可信的质疑，努力达成"信史"的效果。稷王庙导游采用由人到物、由物及人的叙事模式，稷山县城附近的蛇虎涧、冰池村、小阳村等被纳入了故事情境，将后稷感生传说中原有的模糊空间转换成了现实生活空间。在21世纪初期，在民间叙事的传承上，钟年就提出"谁在讲谁在听"② 的尖锐问题，概括了当时故事讲述人的人为性和因为一定目

---

① 曹书杰：《后稷传说与稷祀文化》，北京：社会科学文献出版社，2006年版，第59页。

② 钟年：《民间故事：谁在讲谁在听？——以廪君、盐神故事为例》，载于《民间文化》，2001年第1期。

的"为讲述而讲述"的特征。稷王庙的故事讲述事件亦可引发一系列"为什么这么讲、谁在讲、讲什么、给谁讲、如何讲"等议题。在同一个故事讲述事件中，历史上的真实人物——云南籍知县李景椿被附和为过桥米线的发明人，故事讲述者亦是采用由人到物、由物及人的叙事模式，增强了叙事的可信性。

关于传说的定义、历史性、传奇性等特点，由钟敬文主编的《民间文学概论》最具有代表性。该书认为传说是"与一定的历史人物、历史事件和地方古迹、自然风物、社会习俗有关的故事"①。关于传说的历史性，钟敬文作了清晰的解释："所谓历史性，指传说采用溯源和说明的狭义历史表达方式，传达人物、事物和事件的历史信息，反映民间的史评史观等口头文学特征。"② 该书还围绕着"历史性"概念，提出传说有三个特点：第一，使用了历史信息，但是对历史素材的艺术加工；第二，与历史记录的取材角度和反映方式不同；第三，历史不能变更，传说则处在经常的动态变异当中。③ 该书还首次从传说学上提出传说的传奇性这一概念，并对它的含义作了明确的界定："所谓传奇性，是指故事情节首先必须基本上具有生活本身的形态，故事发展基本上合乎生活的逻辑；同时又

---

① 钟敬文：《民间文学概论》，上海：上海文艺出版社，1981年版，第183页。

② 钟敬文：《民间文学概论》，上海：上海文艺出版社，1981年版，第184～185页。

③ 参见钟敬文：《民间文学概论》，上海：上海文艺出版社，1981年版，第183～185页。

把生活素材加以剪裁、集中、虚构、渲染、夸张、幻想，通过偶然的、巧合的以至'超人间的'情节来引起故事的转变，使故事情节的发展既在情理之中，又出乎意料之外；既给人以真实感，又比较曲折离奇，而且有引人入胜的效果。"① 后稷感生传说中的"履足迹受孕""三弃三收"等情节彰显了传说的传奇性，"传奇性是民间传说之所以能够得以'传说'的一个重要原因。民间传说所描绘的虽然都是一些为人们所熟悉的历史人物、历史事件，或是将各种名胜古迹、地方风物、社会习俗、传统观念与有关的故事叠加合在一起，但它们总是偏离常规叙事，也不顾生活本身的逻辑，致力于满足人们好奇心的心理需求。'传说'本身就带有奇异的意味，'非常'才能激发传说的欲望"②。传说的传奇性通过离奇曲折的情节设计和极度夸张的手法给予听众强烈的冲击。好的传说文本必然存在着传奇性与历史性的平衡机制，如果传奇性过分凸显，传说就会面临"失真"的危险，可能演变为幻想性故事，传奇性的最佳效果是既出乎意料，又在情理之中。稷王庙的导游就在此处进行了精心设计，努力将传说中的神奇情节与小阳村联系起来，增加了后稷感生传说附加的现实意义。

无论是周公庙的游客还是稷王庙的游客，聆听导游的

---

① 钟敬文：《民间文学概论》，上海：上海文艺出版社，1981年版，第199页。

② 万建中：《民间文学引论》，北京：北京大学出版社，2006年版，第177页。

讲解是其旅游活动的一部分。笔者通过访谈游客发现，游客与导游之间的关系同故事家与听众之间的关系截然不同，虽然少部分游客存在关于"主观真实与历史真实"的模糊认识，但总体而言，游客并不关注在旅游目的地发生的故事讲述事件，仅将其当作一次愉快的交流活动。导游的讲述是旅游活动得以继续的一个环节，给游客带来身心愉悦的并非"故事内容"，而是"故事性"的交流活动。

最后，探讨场所与故事讲述事件发生的问题。无论导游是否持有历史与神话相互抵牾的认知观念，"后稷殿前必言后稷"是导游的实际工作需要，例如周公庙导游虽然存在神话观与历史观的困惑，仍然向游客群体继续讲述着后稷感生传说。关于传说与旅游的关系研究，学界有诸多研究成果。人类学家马林诺夫斯基通过调查的特洛布里安德群岛，当地人关于传说①的故事讲述事件几乎都发生在旅途中："当人们结伴远离家门或坐船远航时，年轻人总会对沿途景致、异地风情怀有兴趣，他们会很好奇，提出

---

① 马林诺夫斯基通过调查特洛布里安德群岛，描述了当地人关于口头故事的分类，一种是"库克瓦乃布"（Kukwanebu），一种是"里布沃格沃"（Libwogwo），一种是"利利乌"（Liliu）。这三种是当地人自己的分法，大体相当于幻想故事、传说和神话。其中第一类故事是说来消遣的；第二类是说得认真而且满足社会野心的；第三类则不只看作真的，而且是崇敬而神圣的，具有极其重要的文化作用（参见［英］马林诺夫斯基：《神话在生活中的作用》，见［美］阿兰·邓迪斯：《西方神话学读本》，朝戈金等译，广西师范大学出版社，2006年版，第236~252页）。引用马林诺夫斯基的观点在于论证如何理解他者对自己文化的理解，特洛布里安德群岛土著居民采用"内部视点"对自己族群的口承叙事进行分类。当下学术界采用的神话、传说、故事等体裁分类属于"外部视线"分类，后稷文化圈的当地人关于后稷的口承叙事或称神话，或称传说。笔者根据语境灵活采用不同称谓。

各种问题。年长者和阅历广者就会告诉他们有关的情况，而这种讲述往往采取讲述故事的形式，某位年长者也许会讲述他的亲身经历：打仗、远征、出名的巫术和获得极为罕见的意外财富。他可能混合着讲一些从他父辈那里听来的、流传了好多代的故事、传闻和传奇。这样，对严重的旱灾和饥荒的记忆，对被冲击的人们的艰辛、挣扎与罪行的描述，就得以长久流传而保存下来。"① 我国有学者提出了"旅游中的故事是一种文化解释工具"② 这一观点，在当下旅游经济蓬勃发展的时代语境中，神话、传说等是旅途中导游最常采用的民间文学样式，传说因为具有历史性、解释性、文学性、地方性等特点，所以在旅游中比较容易与具体的景点、民风民俗结合而被应用于解释各种文化现象，如解释旅游目的地的文物、人物事迹、景点来历等。而那些广泛流传的传说在不同的讲述地往往会带有地域特征，例如在周公庙的故事讲述事件中，姜嫄参加周公庙"三月三"祈子庙会，稷王庙故事讲述事件中的姜嫄来自稷山县附近的小阳村。在后稷感生传说的传播过程中，庙宇等"物质"成为"传说核"。日本民俗学家柳田国男曾指出，传说的一个特点就在于"有其中心点"："传说的核心，必有纪念物。无论是楼台庙宇，寺社庵观，也无论是陵丘墓冢，宅门户院，总有个灵光的圣址、信仰的靶

---

① ［英］马林诺夫斯基：《神话在生活中的作用》，见［美］阿兰·邓迪斯：《西方神话学读本》，朝戈金等译，广西师范大学出版社，2006 年版，第 247 页。

② 马翀炜：《旅游·故事·文化解释》，载于《吉首大学学报》（社会科学版），2000 年第 4 期。

的，也可谓之传说的花坛、发源的故地，成为一个中心。"① 也就是说，"传说核"成为传说独具的特点，传说的讲述事件往往发生在一定地点，并与一定的地方风物、名胜古迹相联系，"后稷殿前言后稷"成为讲述后稷传说约定俗成的惯例，反之亦然。"物质"因素往往成为引发讲述事件的契机，笔者查阅《中国民间故事集成》，涉及周公庙、稷王庙等地点的后稷相关传说并没有位列其中。在 20 世纪 80 年代中期，旅游经济刚刚起步，尚未形成关于后稷传说的叙事传统，诸多传说显然处于沉寂状态。时至当下，伴随着稷王庙等旅游文化景观的建构，"后稷殿前言后稷"成为常态，后稷感生传说的活态传承呈日趋活跃之势。许多历史人物传说能够在当下流传，并非人们深刻地认识到其价值，而在于其本身迎合了经济发展的规律，物质因素起了重要的作用。传说总是和特定的事物相关的，传说的核心必有纪念物。以屈原传说为例，屈原传说最初见于汉代诗人贾谊的《吊屈原赋》，司马迁又在《史记·屈原贾生列传》中描述了屈原在投江之前的神态、与渔父之间的对话以及怀石投江的细节。于是在历史发展和民间口承叙事传统中，各类与屈原相关的地名、建筑物、端午竞渡风俗以及祭祀活动等层累地形成，屈原传说在流传过程中不断被细节化、物质化。民间传说的出发点和落脚点一般都是某些物质形态，"传"和"说"的都是

---

① ［日］柳田国男：《传说论》，连湘译，北京：中国民间文艺出版社，1985年版，第26页。

某种具体可感的文化景物，与此模式类似，在后稷文化圈内，由后稷景观到后稷传说，再由后稷传说到后稷景观，由此及彼，由彼及此，循环往复，生生不息，构成了旅游情境中后稷故事讲述事件的发生模式。

综上所述，笔者评述了后稷感生传说的讲述者、听众，剖析了传说讲述过程中各类参与者的情感、气氛、价值观念、态度、愿望和利益需求，全方位展演了当下旅游情境中后稷感生传说的组织传播、表演讲述全过程，深描并阐释了后稷感生传说在当下传承与变异的内外原因。

第二章　其他后稷传说写本的 知识生产与传承形态

在后稷感生传说不同区域的写本中，出现了周公庙、小阳村等真实地名。此类现象在整个后稷文化圈并非特例，将涉及姜嫄、后稷的地名与物产的解释性传说汇集排列，会形成一个后稷传说的知识生产共同体，呈现出姜嫄与后稷的传说群景观。

第一节　后稷传说的文字资料辑录及其分类

除了导游参考的两则后稷感生传说写本以外，其他关于后稷传说的写本分别散见于《中国民间故事集成》、地方文史资料与地方文化学者的专著之中。《中国民间故事集成·陕西卷》①中辑录了两例地名解释性传说，分述如下。

---

① 中国民间故事集成全国编辑委员会、中国民间文学集成陕西卷编辑委员会：《中国民间故事集成·陕西卷》，中国 ISBN 中心，1996 年版，第 227 页。

一、《姜嫄河》①（淳化县）

位于淳化西部的姜嫄河，早先同别的河一样。俗话说，水有水路，车有车路。可如今姜嫄河水为啥多股多岔，水不归槽呢？

传说在姜嫄河畔的山头上，住着一个山神，她就是姜嫄圣母，是后稷的母亲。姜嫄河的名字也是因这而来的。

每年七月七日，王母娘娘的蟠桃盛会总要请她参加，

---

① 《姜嫄河》与《后稷教稼》载录于《中国民间故事集成》，两则写本具有统一的规范格式。《中国民间故事集成》的制作和出版贯穿整个 20 世纪八九十年代，成为民间故事书写的重心。在官方的主持之下，建立了专门的工作机构，组织培训了专业的普查队伍，动员了数以十万计的文化工作者深入一线采录收集和整理原始资料，民间故事的书写已经变成一种有组织的文化行为，被纳入统一的规范。《中国民间故事集成》的书写声势浩大、成果卷帙浩繁，公开出版的省卷本达 3997万字。在民间文学史上，口语故事怎样转化为书面故事，转化的操作方式如何，一直是民间文学研究者讨论的一个重要问题，民间故事的记录实践成为民间文学研究的一个重要的考察领域。《中国民间故事集成》是中国民间文艺学界发起的自上而下地展开大规模的搜集与整理工作的成果。这一活动的好处是直接从民间搜寻出众多民间流传的故事，由此整理成册，对于主要由政府组织文艺调演活动而形成的文化传播具有一定的促进作用，同时也为学者的后续研究提供了一定程度的便利。然而，历时多年而完成的浩大的"集成"系列虽然标榜采用了"原汤、原水、原汁、原味"的采录原则，但是从事搜集的队伍主要由各级文化局、群众艺术馆或社会科学研究机构、大中专院校的人员组成，他们艰辛地对各地民间艺术资料进行了较大范围的调查、遴选、采集以及整理、改编、研究，而这一时期的研究工作多是以占据主流地位的政治思想与艺术观念为指导思想的，由于指导方法的偏颇而使其学术价值大打折扣，并由此对原有民间文化生态造成了一定的破坏。学术界已经对搜集成果的本真性开始了反思。近年来，有部分学者如蒙古族学者朝戈金、彝族学者巴莫曲布嫫等对于本民族史诗整理过程中的种种弊端进行了深刻的反思，并提出具有张力的概括性术语。可参见巴莫曲布嫫：《叙事语境与演述场域——以诺苏彝族的口头论辩和史诗传统为例》，载于《文学评论》，2004 年第 1 期；朝戈金：《口传史诗诗学：冉皮勒〈江格尔〉程式句法研究》，南宁：广西人民出版社，2000 年版。

来回都要经过姜嫄河。

有一年，圣母从天庭赴罢蟠桃宴回来多喝了点酒，一路昏昏沉沉，行至姜嫄河上空，不小心头上的一支金钗掉进了河里，圣母忙命侍女们下水寻找，侍女们在水中抓来抓去，找了半天也没有找着。圣母急了，忙提衣亲自下河，伸手去抓。这一抓不要紧，惊动了姜嫄河龙君。龙君带着虾兵蟹将，拿着家伙，走出龙宫准备动武哩。这姜嫄河龙君四面一看，不见一兵一卒，只见几个农妇打扮的女人，在水里寻找着什么。龙君上前仔细一看，大吃一惊，急忙跪倒，连说："小龙不知圣母驾到，有罪、有罪。不知圣母寻找着什么？"姜嫄圣母微微一笑，说："龙君请起。是我不小心将头上金钗掉到了水里，不料惊动了水府。"龙君一听，急令虾兵寻找，并要圣母上岸歇着等候。正在这时，圣母将金钗摸着了，龙君虾兵们也就松了口气。

本来，摸到金钗以后，圣母应该念起合水咒语，谁知她一时高兴，拿了金钗同侍女们回去了。龙君急得直喊叫，圣母连头都没回就走远了。结果，河水出现了股股道道，凡是圣母摸到的地方，水流就分开了。有的几里，有的几丈远才合为一流，这就是姜嫄河水多流多岔，水不归槽的缘故。

讲述者　白云朝，男，82 岁，淳化县官庄申阳村农民，不识字

采录者　白曙东，男，36 岁

采录时间　1987 年 4 月 20 日

采录地点　淳化县申阳村

二、《后稷教稼》①（扶风县）

扶风县有个揉谷乡，是后稷教人种庄稼的地方。相传，后稷一生下来，长得又高又粗，力量大得出奇。由于他妈姜嫄的管教，待人和蔼可亲，十分好学，学会了各种打猎的本领，很快受到全部落人的拥护。

当时，还没有粮食，百姓穿着树叶缀成的衣服，吃的野兽肉和野果子。有时打不到野兽，采不到果子，人们就要挨饿。后稷看到这样下去不行，就日夜地想，除了野兽和野果外，什么东西还能吃。后来他发现有的野草果子熟了以后，鸟儿抢着啄食。他想鸟能吃，人就能吃。于是，他跑了许多大山平川，见野草种子就尝。他尝啊尝啊，终于采到了谷子、麦子和稻。他把这些种子带回来，教大家用木棍、石片把地挖松，把杂草挖尽，将种子种下并浇上水，施上人粪、畜肥。第二年这些种子结出了更多的果实。一年又一年，粮食越来越多，大家吃到了又好吃又能存放的粮食。后来，他又从山里采回麻的种子，教人们种麻做衣，大家穿上了又好看又能防冷的衣服。

以后，人们为了纪念他，就把后稷教人们种庄稼的地方起名为揉谷，即教人们揉谷子的意思。

讲述者　赵兴荣，男，66岁，扶风县揉谷乡陵湾村

---

①　中国民间故事集成全国编辑委员会、中国民间文学集成陕西卷编辑委员会：《中国民间故事集成·陕西卷》，中国 ISBN 中心，1996 年版，第 296 页。

农民，不识字

采录者　汪润林，男，47 岁，扶风县文化馆干部，大专

赵麦岐　男，32 岁，扶风县文化馆干部，大专

采录时间　1988 年 2 月 21 日

采录地点　扶风县揉谷乡陵湾村

附记：在陕西省武功县武功镇东河滩上，有一个土台，上刻"教稼台"三个大字。相传这就是我国第一个农官后稷当年教民稼穑的地方。后稷教稼是在冬闲时月，所以每年农历的十一月十一日，教稼台下的东河滩要举行盛大的古会。上会的人们都要带上新麦子做成的大白蒸馍，用自己纺织的花手帕包起来，以显示庄稼收成的好坏。

普查中，武功县何志健、杨凌区郑晨光也采录到了《后稷教稼》的传说，内容大同小异。①

地方文化学者编撰的著作中有后稷相关传说两则，现列举如下：

---

① 1991 年，中国民间文学集成总编委会印发了《中国民间故事集成编选工作会议纪要》，从集成作品选取的角度，对"异文"作了明确的解释：异文是指主题和基本情节相同的同一个故事，在细节上有不同的说法，或有不同讲述者的讲述。在一个故事的若干异文中一般选取思想艺术水平最高的一篇作为正文排印，其他各篇中如有水平与正文不相上下，也比较重要而且在某些方面较有特色者，可以作为异文排列在正文后面。这里需要注意的是，只有同一故事的不同讲法才能作为异文处理；作品关联的对象（地方风物、地方特产等）相同而故事情节要素根本不同，不属于异文范围。

三、珍珠泉的传说①

传说后稷当上首领不久，就在渭河沿岸开辟农田，其中有十几个小部落散居在秦岭北麓和千陇山区，这里人常说旱成山，涝成川，后稷传令各部落头人到珍珠泉边聚会，共同拜天祈雨，"燎柴告天"，其意是先向天神通个消息。然后众人一字排开，边叩头，边祈祷，谁也不敢胡说乱动，整整折腾了一个上午，众头人被晒得汗流浃背、口干舌燥、眼冒金星、喉中生烟，好容易挨到了仪式结束，后稷这才命人取来珍珠泉之水，叫众头人喝。众头人一拥而上，你争我夺，不一会儿就将石臼内的水喝得精光。忽然，众头人全部面孔通红，心激烈乱跳，眼中充满了泪水，一个个弯腰哇哇大吐，顿时将珍珠泉弄得污秽不堪，腥臭难闻。后稷这时逐个查看呕吐物，有的是五谷，有的是草根树皮，有的则是兽肉。于是传令：凡呕吐物中混有肉者，尽行捆绑。一看，食肉者全是南北二山的人，后稷哈哈大笑："你们既然缺少粮食，却怎么还有肉食吃？况且拜天、祈雨理应吃素，而你们明知故犯，岂能饶恕。"说罢，便要把他们抛入火中烧死，吓得这些头人魂飞魄散，连连求饶，并答应拿出多余的粮食来周济其他部落，以赎祈雨吃肉之罪。

后稷见目的已经达到，就点头应允，赦了他们的罪。

---

① 郭周礼：《周文化与周公庙》，西安：陕西旅游出版社，2003 年版，第156～157 页。

原来，后稷精通药性，预先在水中投放了太白山上的"铁棒槌"，这种草药轻则催吐，重则致命。

有了粮食，其他部落熬过了旱灾，一天天强大起来。

旧时周原一带，人们仍有干旱时祈雨的习惯，求雨时也搞"燎柴告天"，各地的求雨者都争喝自命为"神泉"的水，这与当年"后稷祈雨"不无关系。

四、《远志传说》①（武功县）

远志是中草药里一味重要的药物，有安神益智、祛寒化痰、清心养颜之功效。这种药产地虽多，但尤以武功所产为上品，李时珍亲切地称作"武志"。而生长于武功漆水河西岸华山之上姜嫄墓旁边的远志质量最优，药用效果最好。这种草药因产在姜嫄墓旁而被命名为"嫄志"；"嫄"即姜嫄，"志"即记、标之意，标明嫄志产于姜嫄墓地，为地道品。"嫄"字多用于人名，较为生僻，所以药典上便把"嫄志"写成"远志"。

过去漆水河流量大，浪涛急，远志生长在姜嫄墓前小华山的悬崖峭壁上，十分难采。采药时要驾小舟在急流中向崖岸上抓一两把，抓不着时，只能空泛一回，然后再把小船返撑回来，轮回采撷。现在漆水河的流量已减少，且远离华山脚下，每到夏季人们可去墓旁自由采集，由于采掘过度，远志已非常稀少。

---

① 黄权中：《武功觅古揽胜》，西安：陕西师范大学出版社，2005年版，第14页。

姜嫄养育了后稷，让先民吃上了自己种植的菽黍，过上了定居生活，结束了漫长的渔猎采集游牧生活，墓地上又生长着有益人民健康的贵重药材，可以看出这位伟大的母亲以及子孙有着多么博大的胸怀。千百年来，每逢清明节人们总是结队来墓前祭扫，长时间跪拜，深深地追念。

五、武功县文化馆文字资料①《后稷感生传说》

2006 年开始，国家投入大量人力物力开展非物质文化遗产保护工程。后稷文化圈的武功县、闻喜县、稷山县等先后将后稷传说申报为省级民间文学类非物质文化遗产项目，笔者将武功县涉及后稷传说的非物质文化遗产宣传资料摘录如下：

"教稼台前仰神农，洪萧遗迹扬祖风；树艺代代有传人，有邰熠熠万世功。"每年农历十一月初七，在武功县武功镇的河滩会上，四邻八乡的人们都会云集这里，唱大戏、学经验、庆丰收，共同朝拜和纪念教民稼穑、功盖天地的农业始祖后稷。这位开创光辉灿烂农耕文化的圣者一直被人们敬仰，而关于他的传说故事也延续至今。

相传四千多年前，炎帝后裔有邰氏的女儿名叫姜嫄。姜嫄自小长得端庄却不秀气，体魄健壮而少艳丽，长大后

---

① 武功县团委副书记韩萌为笔者提供的武功县文化馆文字资料（内部资料），与此类资料属同一类型的有稷山县、闻喜县的非物质文化遗产项目申报书，此类文本具有非物质文化遗产保护的时代背景，按照非物质文化遗产保护工作的要求，其故事写本中都会交代故事讲述人（即传承人）的传承谱系，属于后稷传说的一类异文。

父亲把她嫁给了黄帝部落的酋长帝喾。帝喾能征善战，带领本部落人常打胜仗。但和炎帝部落相比，黄帝部落的农业却很落后，过着半牧半农的生活。姜嫄劝帝喾学习有邰氏部族先进的农业技术，遭到拒绝。不久，帝喾又娶了有娀氏的女儿简狄。这简狄漂亮温柔，很合帝喾心意，他把姜嫄忘得一干二净。

姜嫄受到冷落，心里难受极了，就经常外出，到原野、河滩上散步。有一天，她偶然发现地面上有一个巨人足迹，觉得好奇，有意踏上去，后来就怀孕生子。姜嫄认为这个无父亲的孩子是个"不祥之物"，就把他抛弃了三次，先后扔在小巷、冰河和森林里，奇怪的是依次有牛羊、飞鸟和人相救。姜嫄认为他是个神孩，就又抱回养育，起名叫"弃"。

弃是个有志气的孩子，从小就喜欢农艺，在母亲姜嫄的教诲下很快掌握了农业知识。他看到人们仅仅靠打猎维持生活，常常吃了上顿没下顿，心里非常难过，就决心想个办法来保证人类能生存下去。他想着想着就上了山坡，看着漫山遍野的树木和花草，突然灵机一动，人们为什么总要渔猎吃肉呢？这些树木的果实、茎叶能不能吃呢？于是，他便决定亲口尝一尝各种野生植物的滋味，以确定哪些能吃、好吃，哪些不能吃或不好吃。后稷遍尝百草，为人类找到了大量的食物，后被尊称为"农业始祖后稷"。民间也流传着一首歌谣：

> 神农后稷尝百草，不怕蛇咬狼挡道，
> 死而复生不动摇，只为民众能吃饱，
> …………

可是，后稷还看到人们为了找到可口好吃的植物，往往要走很远的路，累得满头大汗。能不能在家门口自己种植呢？他反复思考、观察，惊奇地发现，飞鸟嘴里衔的种子掉在地里，到第二年又发出新芽；人们吃完的瓜子、果核扔在地上，第二年又长出新的瓜果树。后来他又发现植物的生长与天气、土壤有关系，就决定利用天气的变化和不同类型的土地，指导人们选育良种，有计划地进行农耕。相传后稷的精神感动了天帝，天帝派神仙下凡送来百谷种子，让他为民造福，人类自此结束了茹毛饮血的生活。

"后稷讲学了，教咱种庄稼了！"周民一传十，十传百，教稼台前，农夫们或坐或立，静听着后稷讲解农业知识。他挥着手，又是比画，又是示范，每到兴奋处，还下台手把手给人们教农耕新法。后来，后稷还在教稼台上号召并领导人们改进农具，开渠修堰，排水灌溉，使田野一片绿油油。

农业始祖后稷传说传承人、武功县文化馆文学创作和非遗保护工作人员刘志宏出身于书香之家，从小受父亲教诲，多年来一直坚持收集、整理有关后稷的传说，而且经常在乡村、学校和旅游景点向人们讲述。

"农业始祖后稷传说是在农耕社会基础上产生的一种民间文学艺术，是人民群众千锤百炼而流传下来的故事作品，具有重要的历史价值和珍贵的民间文学价值。"武功县文化馆馆长刘哲介绍说。农业始祖后稷传说在 2007 年已被列为陕西省非物质文化遗产名录，为了保护这一非遗项目，今后将加大保护力度，到 2015 年，初步建立并完善一套切实可行的整体性保护制度和运行机制，围绕后稷教稼台、后稷祠建设一批有利于项目保护的基础设施，努力改善项目的保护环境，到 2020 年，基本形成较为完整的基础设施，使保护环境得到明显改善，传承人得到有效保护和传承。

以上传说写本按民间故事文本类型①划分，《中国民间故事集成》所辑录的传说属于采录文本，"采录文本最接近于演述文本，它不仅要求有语言的记录，也应该将与故事语言相关的其他文化因素保留下来"②。采录文本是

---

① 林继富将民间故事文本类型划分为演述文本、采录文本、整理文本、重构文本。演述文本主要是指民间故事传承人讲述故事过程中的文本，它不仅包括故事讲述的用词、语气、语调和韵调，还包括随故事讲述的各类动作、各种情绪的起落波动以及故事讲述时的环境，诸如天气、时间、讲述现场听众的反应、活动等。因此，演述文本是全面展示民间故事传承人表现传统、理解传统最真实、最全面、最深刻的文本。

演述文本是最古老的文本形式，只要有故事讲述人，只要有故事讲述活动，就会出现演述文本。

演述文本是即时文本，不同的讲述人有不同的文本。演述文本一旦离开讲述现场，即刻消失。演述文本具有不可重复性，一次讲述就是一次现实生活，一次讲述就是一次传统再现，人们无法精确完整地描述和追忆演述文本。

演述文本是故事讲述的现场文本，是动态的鲜活文本，是最具活力、最富激情，包容思想和文化传统最丰富、最全面的文本。讲述人不仅用语言完成故事的讲述，而且还伴有诸多身体动作和面部表情等肢体语言。

笔者认为，演述文本的构成主要包括故事讲述的环境，讲述人的讲述语言、身体动作、故事听众等三个方面的内容，三个方面构成一个立体演述图式。

演述文本呈现为两种情况：一个时空单位的演述文本，包括许多故事的演述；一个演述场景内的每一个故事的讲述。这种演述文本就明显涉及讲述故事上下文的逻辑关系，或采录者或听众的引导，因此，故事与故事之间的"文本间性"体现得相当显著。

民间故事演述时，民间叙事传统的在场保持了民间叙事演述即时的鲜活场景，能够促成故事讲述人气韵生动的表演和充满细节的叙事；听众在场，能够持续地与故事讲述人互动，构成演述场域里最为活跃的因素，能够使故事细节更为丰富，人物形象更为丰满；故事讲述人在场，是故事讲述文本的关键，没有讲述人在场，民间故事的演述文本就不可能诞生，也不可能存在。这三者的紧密联合构成了一个完整的民间故事演述文本。当然，民间故事传承人的每一次表演虽然都是社区民间叙事传统的即时性呈现，但是面对不同的听众，文本再现的传统也会出现极大的差异。参见林继富：《民间叙事传统与故事传承》，北京：中国社会科学出版社，2007年版，第133页。

② 林继富：《民间叙事传统与故事传承》，北京：中国社会科学出版社，2007年版，第136页。

一种脱离讲述现场的静态的文本，采录者进入故事讲述现场，开始采录文本的工作，离开故事演述现场后，"采录者就将演述的即时转化为永恒的文本，主要通过两种方式：一是录音和录像，它留给人们的是完整的口头讲述和大致的演述画面，但它依然是部分地再现故事讲述现场；二是语言文字，它给予人们的是平面化的现场图景，阅读者少不了通过文字来想象式地建构故事讲述现场和故事流动时的情景"①。

地方文化学者笔下辑录的传说写本应该属于重构文本，"重构文本指文化人根据已有的民间故事梗概或者故事母题等重新构造的一种文本形式"②。重构文本一般都出自当地的地方文化学者之手，经过重构的故事文本就会按照重构者的意图突出作品的主题情节和人物性格。与演述文本相比，重构文本是一次较有文采的话语重组，情节设计更为连贯，人物形象更为丰满，例如武功县《农业始祖后稷传说》传承人刘志宏讲述的后稷感生传说就具有了生活化的色彩和口语化的特点，帝喾与姜嫄都以被颠覆的形象出现在传说写本中，生活化的细节一定程度上满足了听众窥私的好奇心，口语化的特点又迎合了非物质文化遗产保护工程这一"大传统"所要求的活态传承。整体而言，所有重构文本的制作过程与时代背景都模糊不清，没

---

① 林继富：《民间叙事传统与故事传承》，北京：中国社会科学出版社，2007年版，第139页。

② 林继富：《民间叙事传统与故事传承》，北京：中国社会科学出版社，2007年版，第143页。

有提供明确的讲述者与采录时间。"无论重构文本的目的如何，它已经将原有独立自足的叙事文本的内容破坏了，把原先具体实在的叙事文本结构打乱了。笔者以为，一个民间叙事作品的传统至少包含三个方面：地域文化传统、讲述个人传统和作为类型故事的传统。然而，在重构文本里，只有地域文化传统和作为类型故事传统的点滴存在。"①

传说和特定的自然或社会事物相关联，以某一个人物、地方、史事、风俗、自然物或人工物等为对象，围绕其建构起想象性的叙事。依据传说对象的不同，传说大致可以分为人物传说、历史传说、风物传说、新闻传说四类。武功县的《农业始祖后稷传说》被列入非物质文化遗产名录，其实应纳入人物传说范围。人物传说主要指历史上著名人物的故事，人物传说就是对历史人物事迹的夸张和宣扬，该过程透视出时人对该历史人物的评价和追忆。与武功县类似，山西省闻喜县的《稷王传说》被列入山西省第二批非物质文化遗产名录，稷山县的《稷王的传说》被列入山西省第三批非物质文化遗产名录。

钟敬文在《浙江风物传说》一书的序言中说："所谓'风物传说'主要是指那些跟当地自然物（从山川、岩洞到各种特殊的动植物）和人工物（庙宇、楼台、街道、坟墓、碑碣）有关的传说。……除了自然物、人工物之外，

①　林继富：《民间叙事传统与故事传承》，北京：中国社会科学出版社，2007年版，第144页。

还有一些关于人事的，如关于某种风俗习尚的起源等。这些传说，也应该包括在内。"① 根据钟敬文关于风物传说的定义，大多数姜嫄、后稷传说的写本可称为风物传说。

风物传说又可细分为地方传说、物产传说和风俗传说，一般由引子、主体和确证三部分组成。例如《姜嫄河》的结尾是："结果，河水出现了股股道道，凡是圣母摸到的地方，水流就分开了。有的几里，有的几丈远才合为一流，这就是姜嫄河水多流多岔，水不归槽的缘故。"揉谷乡的《后稷教稼》的结尾是："以后，人们为了纪念他，就把后稷教人们种庄稼的地方起名为揉谷，即叫人们揉谷子的意思。"两则传说文本讲述了当地地名的由来以及相关事件发生的原委，可以纳入地名传说范围。

风俗传说侧重于解释长久以来沿袭的某种风俗习惯，是民俗事象口传化的结果。后稷文化圈的各种风俗习惯、节日活动都伴有不少后稷传说，风俗传说往往成为相应风俗最直接的注脚。《珍珠泉的传说》应称为风俗传说，其提及了当前陕西地区已经消失的祈雨习俗，例如该传说的结尾提到："旧时周原一带，人们仍有干旱时祈雨的习惯，求雨时也搞'燎柴告天'，各地的求雨者都争喝自命为'神泉'的水，这与当年'后稷祈雨'不无关系。"

《远志传说》应为物产传说，"物产传说是解释各地、各民族的服饰、饮食、医药、工艺品的产生、特征和名称

---

① 钟敬文：《浙江风物传说》序言，参见《钟敬文文集》，合肥：安徽教育出版社，2002年版，第530页。

由来的传说。这类传说不仅描述物产的生产状况和神奇作用，还具有浓厚的人文色彩，人们通过传奇的叙述话语，神化和仙化本土的物产，使原来纯物质形态的物产烙上人文的印迹，从而拉近了人与自然的距离，激发自己对本土物产的自豪感和外人对它们的兴趣与赞美"①。物产传说的定义彰显了浓郁的家园情感。

当下的后稷传说都以风物传说的形态呈现，写本背后应当是"在地化"②的民众经验的支撑。"风物的存在属客观性，加之受到主观性传统文化的影响，由此落实到本地人的思想观念中，他们又会将其转化为关乎自身的实践行为，以本地观点为参照从而不断塑造新的事象，这就是一种'在地化'的民众经验。"③ 具体可感的风物与"在地化"的民众经验为姜嫄、后稷传说的传承提供了无限的想象空间。

具象的风物影响越大，提及的频率越高，就越能深刻体现"在地化"的民众经验对风物传说的传承塑造，有利于传说的稳定传承。格莱德曾专门论述了"对象"作为民间口承叙事中稳定因素的重要性："比如从田野经验来看，人们能划定固定的对象，像圣石、神树、墓地、战场等，这些对象和具体的人物之间常常有某些联系。像宗教故事

---

① 胡芳：《青藏地区风物传说研究》，载于《青海社会科学》，2011年第2期。
② 关于"在地化"，在叙述中国地方史兴起新的研究路径时，杨念群提到这是"本地人作本土研究"，权且称之为"在地化"。
③ 刘丽丽：《李自成传说研究》，华中师范大学博士学位论文，2011年，第128页。

里的圣人或历史故事中的国王。一个小社群的故事会粘着
当地的轶事，某些情节变化往往出于其所涉及的核心人物
之信息的增加，这些信息或是介绍性的或是额外的情节。
故事的连续性传播依赖于故事的产地，在那里故事情节的
稳定只需要大约一代人的时间，或者更长些。如果一个故
事联系到具体的对象，情节的稳定性往往依赖对象的稳定
性。原则上，稳定性是故事与传播环境不断调适的结
果。"① 也就是说，传说的传承常常依赖风物的稳定性，
当传说联系到具体的风物，传说便被建构为真实生活事件
的回忆，久而久之的传播则成为民众的集体记忆，这种记
忆具有"当下性"，是时代的产物，传说中的风物之于
"在地化"的民众经验是验证，"在地化"的民众经验之于
传说中的风物是精神的寄托。

第二节　传说写本的社会史意义

以上提及的传说写本"作为叙事文本，其文本结构包
括三个层次，有语言层、现象层、意蕴层。而意蕴层有三
个层面：历史内容层、哲学意味层、审美意蕴层"②。对
以上几则写本而言，民间传说因其叙述的随意性和流动
性，一直未曾进入传统史学的视野。将民间传说作为文献

---

① 转引自孟慧英：《西方民俗学史》，北京：中国社会科学出版社，2006 年
版，第 442 页。
② 童庆炳：《文学理论教程》，北京：高等教育出版社，1992 年版，第 277～
278 页。

考据而一味衡量它的科学性或可信度绝非明智之举，"从历时的角度来看，某时期被记录的民间故事，通常只能表示这一时期内有这样的故事在流传，或者说，这一故事最晚到了某时期一定是流传的，却不能表示这一故事是到了这一时期才产生；同样道理，假如某一时期没有发现某一故事的记录，也并不能表明这一时期该故事不存在，或者到这一时期为止该故事还没有产生。也就是说，关于民间故事的历史，有两种，一种是记录史，一种是其实际的生命史。前者是可以观测的，后者就几乎无法企及了。它们之间偶或可以重合，但多数情况下，我看只是貌合神离"①。

传说写本应该被看作当地民众的一种集体记忆，应在"主观真实与历史真实"的框架内考察它是在一种什么"情境"（context）下产生的，讨论它如何被"制造"，在什么"规范"下被"制造"，又是如何被"使用"的。在文化人类学、民俗学等许多"过去指向"比较明显的相关学科那里，民间传说已经得到了比较自如的运用，执着于文献的传统史学家未必完全认可其中的一些具体做法，但

①　陈泳超：《民间故事的记录史与生命史》，载于《中国社会科学院院报》，2008 年 7 月 31 日。

是，新兴的社会史研究强调民间传说作为"能指历史"①的意义，正在致力于将两者结合，力图形成跨学科的对话，本节以《珍珠泉的来历》这一传说写本为研究对象，挖掘其社会史内涵。

笔者查阅了后稷文化圈的地方志和县志，发现在《（光绪）岐山县志》的"地理部分"载有"珍珠泉"的文字说明："积石原南麓社头半坡堎下，地广六七分，迸出三泉，喷涌成珠，大若龙眼，下疏三渠，灌田数千顷，较他处所云珍珠泉神祇供汲饮者利更溥焉。"②

清代同治年间的《稷山县志》辑录有《后稷祠祈雨文》，其他县志中并未发现有民间祈雨、"燎柴告天"习俗的记录，这一现象恰恰开启了一个新的学术研究领域。历代县志在一定程度上是对该地方历史过程的客观反映，县域建制、河流山川、历任官宦、科举人才等信息基本上是对客观事实的记录。但是，县志又非绝对客观的历史记

---

① "我认为能否真正地从小说或其他文学作品中取得真实的史料是由我们的研究对象来确定的，也就是说，如果我们的历史研究想弄清楚历史上的哪个人在什么时候说过什么话或做没做过什么事，那么文学的描写是不可信的。前面的全知视角的问题就出在这里。如果我们的历史研究是想知道那个时候的社会是什么样子，人们都说些什么，做些什么，打扮成什么样子，有什么礼节、习俗和社会风气等等，那么文学中的描写就是可信的。显然在历史研究中是否把文学作为史料，是看我们研究的兑现对象是特指（所指）的，还是能指的。如果是特指的，我们就需要尽可能地寻找到可靠的资料和实物；如果是能指的，那么对于那些惜墨如金的历史学家来说，他们给出的历史画面并不如文学家。"翟学伟：《中国社会中的日常权威：关系与权力的历史社会学研究》，北京：社会科学文献出版社，2004 年版，第 56 页。

② ［清］胡升猷修，张殿元纂：《（光绪）岐山县志》（卷之一，地理部分），据清光绪十年（1884）刻本影印，第 21 页。

录，而是编纂者基于一定的历史事实、社会权力结构、价
值观念和修志习惯，对同样隐含着权力、观念和目的的正
史、方志、族谱、文集、传说、碑刻及其他类型文本进行
筛选、排列、组合、解释而建构起来的"地方历史"。该
区域的民风民俗或因符合上述条件而被记录，或因不符合
而未被书写。综观后稷文化圈的历代县志文献，见"后稷
祈雨之文"而不见"后稷祈雨之俗"的现象体现了县志编
纂者建构"地方历史"的机制。

　　中国传统的历史记录与编撰都是在宏大的政治史叙事
模式下进行的，地方志与国家历史的撰写模式一脉相承。
以后稷文化圈的地方志为例，地方志记录的大多是地方的
政治事件，有关民间的历史记录是"某某年大旱，官方赈
灾措施"等，而旱灾时期民间求雨祭祀的仪式的相关记录
几乎没有，这与县志编纂者的指导思想和编撰方式有关。
"过去我们的历史观念已经先在地设定了什么是应当叙述
的，什么是没有价值的，所以，那些被判定没有价值的东
西，在以某种价值来设计框架的历史章节中，是找不到自
己的容身之处的，就是有人想把它们写进去，也不知道写
在哪里为好。可是，如果历史叙述的观念有所变化，可能
这些'边角废料'就会突然身价百倍。"① 在民俗生活中
被视为很重要的民俗事象在地方志中难觅踪影，因其与宏
大历史叙事不符。目前部分学者在研究思想文化历史时，

_____

① 　葛兆光：《思想史：既做加法也做减法》，见杨念群、黄兴涛、毛丹：《新
史学：多学科对话的图景》，北京：中国人民大学出版社，2003年版，第223页。

开始注重对下层社会的研究，并主动采用其他社会学科的方法来探寻那些以前被学界忽略的历史。在某种程度上，这是一种迥异于精英观念的思路。作为一种集体的心理活动和外在的行为表现，民间传说也是人们日常生活的一个组成部分，研究它往往会有意想不到的发现。

"燎柴告天""神水祈福"这些当地民间传说中的点滴记录，透露出历史上当地民众在日常生活中的感受，表现出当地人、当地族群的价值观以及这些人们公开或掩盖、实施或抑制其愿望的方式，最终说明自然灾难的压力与刺激是怎样转化为人们的意图、需求、焦虑与渴望，人们怎样通过祈雨习俗与人物传说的生成与应用来接受、利用和改造外在世界的。对《珍珠泉的来历》进行分析，可以挖掘出许多正史没有记载的事实。民间传说资料的社会史研究有助于我们重构地方历史，法国年鉴学派的代表布罗代尔提出的"长时段"观念和美国阐释人类学的代表吉尔兹提出的"地方性知识"观点，都提倡对某区域上千年之久的一系列相关事件进行观照，沿着一条线索，对相关的琐屑庞杂的知识细节做长时段的研究，就可能会发现正史所遗漏的东西。传统历史注重的政治事件大多转瞬即逝，新统治者还会尽力消除旧朝的痕迹，但社会深层的东西绝不因改朝换代而发生根本的变化。社会管理系统有个延续性，有些东西在整个社会中一直持续地起作用。就地域而言，整部中国史是由不同的区域史构成的，区域性的研究有助于我们重构历史。从社会学的意义来说，人们对于历史的传承与记忆是一种社会建构，这种传承与记忆不仅仅是简单地重现过去的历史，而是受制于传承人、记忆者当前的社会生活环境。虽然《珍珠泉的来历》这类民间传说中的具体情节和人物是虚构的，但其所表现的历史情景与创作者的心态观念却是真实的。我们如果将民间传说与文献资料进行对接研究，将会发现无数的历史记忆映射出来的历史事实，这也将帮助我们探究一定区域的历史事实和历史发展的时空脉络。历史人类学认为，民间传说是一种社会记忆，从后稷风物传说可以看到，不同时代、不同地区的民众都是根据各自的生活环境和个人情感有意无意地对祖辈留下的传说进行创造与再创造的。如果我们将民间传说视为民众的"历史记忆"且将其放在后稷文化圈分析这种记忆蕴含的历史背景及其得以存在、流传的历史情境，那么，民间传说文本蕴含的历史价值就会得到彰显和释放。

第三节　传说写本的地理专名与家园情结解读

后稷文化圈的诸多传说除了将姜嫄、后稷置于历史—时间序列之外，还通过附着地名这一具体的真实存在，将其置于地方—空间系列。地理专名①的作用在于将姜嫄、

---

① 传说在不同区域的流传过程中有一个值得注意的现象，"即叙述者为了增加传说'真实性'以获取听众相信度而对传说进行的再改动加工，其中最通常的改动是变更故事发生的地点，变成地方化的异文，道森对《死车》传说的跟踪分析证实了这一点：故事的原型起源于1938年发生在密执安州麦克斯塔的一桩真实事件，但其后渐渐演变成美国许多城市的地方化版本。在中国各地也可以听到内容类似的地方化传说，应是相同原因所致"（参见李扬：《西方民俗学译论集》，青岛：中国海洋大学出版社，2003年版，第223~224页）。

后稷叙事与地方联系起来，不同地方的姜嫄、后稷叙事形成了传说之间相互抵牾的现象，出现了姜嫄、后稷的家乡不知为何处的疑团。这些与姜嫄、后稷相关的地名及其地名背后的传说为当地民众的集体记忆提供了依托，因为这些地名本身就具有维系记忆的功能，所以当地民众才能在一种共享的基础上回忆并讲述姜嫄、后稷传说。

传说写本中所存在的地理专名现象与学界讨论的后稷地望之争的遥相呼应相映成趣。传说写本中的地理专名不能从实证史学的角度讨论其真实或不真实的问题，而应该在"主观真实与历史真实"框架内，探讨传说的主观真实这一特征。关于传说中出现的"专名"问题，邹明华提出了颇有见地的看法，她认为："传说中'专名'的作用就在于把故事、习俗、地方风物联系为一个具体的、现实的和完整的文化整体、生活整体。这一文化整体、生活整体能够自我调整、自我完善，自古皆然且无可置疑。这就是'专名'的作用。"[①] 邹明华进一步强调："现代持科学理性的经验主义者，实证主义通过对'专名'所指之'物'的起源考证，指出了'专名'之无物证的'起源非真实性'，破除了对'专名'有一个在语言之外的、实质的'物'的起源的幻觉和盲目信仰（迷信），而与此同时也就错过了发现意义起源的真正途径和恰当办法。但是，文化生活或生活文化自身的存在逻辑正在且已经督促当代学者

---

① 邹明华：《"伪"历史与"真"文化——山西洪洞的活态古史传说》，载于《文学评论》，2008年第5期，第128页。

重新思考文化和生活的意义起源问题，这就是文化与生活自身的完整性和整体性问题。"① 在本书的后稷传说研究中，笔者在此不是承认或否认后稷传说的历史真实性，而是关注后稷文化圈内不同区域的文化持有者将后稷传说作为区域文化认同的主观真实的问题，在后稷传说文本的"哲学意味层"展开讨论。

传说基本上是虚构的故事，而传说作为一种叙事体裁的独特之处，首先就在于采用专名来达到故事效果。邹明华提出传说特征的"专名说"②，强调"虚构的传说的真实性在于对专名的运用"③。历代多位学者在辨别、界定传说定义的时候，已经意识到了专名的特殊作用，只是缺乏明白的表述与阐释而已。中华人民共和国成立初期，钟敬文先生对传说特征的把握应该说是"名"与"实"兼顾的，其在 1958 年论述"传说的历史性"时提出："这种叙事在叙述上，主人翁大都是有名有姓的（这一点跟多数主人翁没有私名的民间故事有区别），而且他们往往都是历史上有名的人物；他们的活动遗迹，大多数被联系到地方上的某些自然物、人工物以及民间的社会制度风习上面，

---

① 邹明华：《"伪"历史与"真"文化——山西洪洞的活态古史传说》，载于《文学评论》，2008 年第 5 期，第 128 页。

② 专名的习得与真实性有特殊的联系。专名是已经被接受的真实，反过来，真实可以通过专名的使用而形成（认知）。哲学家罗素、克里普克等人对专名与真实性的联系问题有深刻论述。参见［英］罗素：《我的哲学的发展》，温锡增译，北京：商务印书馆，1982 年版。［美］克里普克：《命名与必然性》，梅文译，上海：上海译文出版社，2001 年版。

③ 邹明华：《专名与传说的真实性问题》，载于《文学评论》，2003 年第 6期，第 175 页。

使故事成了它们来历的一种说明。"① 他既是把专名（私名）与实存的关联物合并起来当作传说的标志，又把二者分开来表述的。值得注意的是，他把专名特征放在主句里，把关联特征放在补句里，这应该可以解读为他把专名看得比关联物更加重要。继而邹明华进一步提出："'专名'既是同一传说中的实存之物与虚构之物之间的逻辑关系，也是人们相信传说的心理机制发生的主要依据。"② 姜嫄、后稷传说写本中出现了周公庙、小阳村、姜嫄河、揉谷乡、珍珠泉、远志等一系列专名，"人名、地名、物名作为专名使用，本身就习惯地被视为是经过了'命名仪式'的，被视为是由见证者开启的传递链条支撑着的指示词，因而被相信是有一个存在的对象的。这些专名自然被相信与其对象的实体是一样的'真'"③。在当下后稷传说的知识生产过程中，民间自有保持传说真实性的机制，除了以历史人物的专名来赋予叙事真实性之外，民众在讲述活动中还通过对一些特定的地理专名、物产（如远志、五谷石等）的来历进行解释，从而构建叙事的真实性。"传说不是历史，但具有历史性；传说不是真事，却具有真实性。专名不一定代表真实，也不一定代表历史，但是根据前述罗素和克里普克关于专名的理论，专名能够自然地产

---

① 钟敬文：《传说的历史性》，见《民间文艺谈薮》，长沙：湖南人民出版社，1981 年版，第 194 页。

② 邹明华：《专名与传说的真实性问题》，载于《文学评论》，2003 年第 6 期，第 177 页。

③ 邹明华：《专名与传说的真实性问题》，载于《文学评论》，2003 年第 6 期，第 178 页。

生真实性、历史性、可信性。在这一点上，传说与专名是匹配的，我们知道，真实不一定联接着可信，而真实性必然联接可信。传说多少让人有些相信，这主要是因为传说是关于专名的叙事，并辅以可见证的地方风物和叙述的语言风格。传说主要是由专名的真实性赋予叙事以真实性，从而赢得人们的相信。"①

在民间，关于姜嫄、后稷的传说不断发展变异，在整个后稷文化圈内，以后稷专名命名的现象也流布甚广，以武功县为例，包含"姜嫄""后稷"字样的名称比比皆是，《武功县志》记载："夫古邰去汉，所徙地以渭南计，道里当在今县直南，东近太乙山，西距离武功山较远，名或亦无取于武功矣。魏司马懿料诸葛孔明云出武功循山而东。杜子美诗云喜遇武功天，度皆指武功山前或当时武功境内。未闻渭南有所为武功治者，盖不惟汉以前为然。余故疑游说之误，一日往县之西南去，道过一村落，闻有地名嫄姜嘴者，因问其地有姜嫄庙，故名其道里去今县兴志合，乃知西汉所徙必其地，而渭南之说其果误矣乎。"②在《陕西通志》中也有相关记载："履迹坪在邠州南门外，世传为后稷之母姜嫄履巨人迹处。隘巷平林在邠州城中。《诗》云：'诞寘之隘巷，牛羊腓字之；诞寘之平林，会伐平林；诞寘之寒冰，鸟覆翼之。鸟乃去矣，后稷呱矣。'

---

① 邹明华：《专名与传说的真实性问题》，载于《文学评论》，2003 年第 6 期，第 178 页。

② ［清］沈华修，崔昭等纂：《雍正武功县后志》，据清雍正十二年（1743）刻本影印。

狼乳沟在邠州南二里，故老相传，即后稷弃饮狼乳处。"①

现武功地区官方命名的有后稷路、后稷中学、后稷故园（殡仪馆）；民间命名的有后稷浴池、后稷餐厅等；杨凌地区有后稷学者等。以上命名现象都属于专名的叙事，与后稷传说的生成路径类似。后稷文化圈内的专名现象属于文化范畴而不是历史范畴的问题，不能用事实真伪的维度进行评价。

当地珍珠泉、姜嫄河、揉谷乡等地名的解释性传说就直观地反映了民间叙事写本中审美意蕴层的意义。将传说与其流传地联系起来考察是传说研究的一贯传统，"在民间文学传承中，普遍存在着一种'恋乡情结'。以民间故事传承为例，许多民间故事讲述者在故事传承中都自觉不自觉地将故事情节与其家乡的山水风物联系起来，一些故事原有的模糊的空间都被他（她）们转换成了实在的现实生活空间。或者将原本素朴的家园山水景观，在故事中赋予丰富的艺术想象，进行一种艺术性的提升。可以说，故事讲述者对家园的痴迷与迷恋，是其重构故事文本的文化心理基础。这种艺术提升的背后，隐含着人类亘古以来即已形成的'领土观念'与家园情感"②。在后稷传说的写本中，由于讲述者将家乡的周公庙、小阳村、珍珠泉、揉谷乡、嫄志等听众熟悉的地名以及当地物产都纳入了故事

---

① ［明］赵廷瑞修，马理、吕柟纂：《陕西通志》（卷之十一），西安：三秦出版社，2006 年版，第 516 页。

② 江帆：《生态民俗学》，哈尔滨：黑龙江人民出版社，2003 年版，第 285页。

情境，传说内容便有了具体的空间指向，变得生动活泼，增加了可信性与说服力。民间文学与作家文学的区别在于"以文学手段表现大量的非文学现象，运用形象思维表现民间生活世界"①。从生态民俗学的角度看姜嫄、后稷传说"在地化"的写本，无论是提供姓名还是未提供姓名的故事讲述者都显然对流传的姜嫄、后稷传说进行了某种想象的重构，刻意将故事情节与真实地名直接联系起来，体现出热爱故园的乡土情结。以《远志传说》这一物产传说写本为例，论述其生成路径，可以理解乡土情结对当下后稷传说写本的塑造与建构。

民俗学家万建中曾提到："在中国，地方物产与民间传说的联系极为密切，似乎没有敷衍出一个或数个传说，就够不上物产的档次。一般来说，过去中国人拙于冒险，不思开拓，固守狭小而平淡的生活空间，却热衷于谈神弄鬼，善于营造怪诞的生活氛围。通过传说的路径，把周围的自然或人工物产奇异化、神秘化，便是其中的突出特征。传说即成为'异化'物产的一个关键性的叙述话语。这一叙述话语的成功运用，给物产的产地或发展抹上了人为的成分，使原来纯为物质形态的物产跃上了人文的层次，拉近了人与自然的距离，并开拓了人们的文化生活空间。这显然是对乡民每天重复单调的生活方式的有效补偿。另一方面，这恰恰又是本土观念在作怪。神或仙化本土的物产，

①　董晓萍：《民俗学导游》，北京：中国工人出版社，1995年版，第53页。

正是希望以此来激起外人对它们的兴趣和赞叹。"① 万建中的论述基本概括了物产传说的民俗心理生成机制。

在《远志传说》写本中，确证部分都是通过谐音的手段完成了远（嫄）志的"命名仪式"。谐音在整个写本中起到了十分重要的作用，作为一种谋篇布局的语音手段，谐音是传说写本中"远志"得以命名的一种语音机制。从语言学角度来讲，该传说写本可以视作一则谐音语篇。

"所谓谐音，是指在特定的语言环境中，利用两个语言成分（包括字、词、短语、句子）在语音形式上的相同或相近，让两个不同的事物，或者原本毫无关联的事物关联起来，从而产生特定的上下文联系。由于谐音的主要作用是让两个不相干的事物产生关联，因此谐音要成立，首先得有两种事物：甲事物和乙事物。前者是被谐物，通常是话语基点，也是谐音生成的起点，我们称作'本原体'；后者是相谐物，是与本原体产生关联的另一个事物，是话语要谐击的目标，也是谐音生成的终点，我们称作'目标体'。"② 在该传说写本中，"嫄志"作为话语基点，是谐音的起点，是被谐物，为语篇的"本原体"；"远志"是相谐物，也是谐音生成的终点，为语篇的"目标体"。相近语音形成的"远志"与"嫄志"本无任何意义联系，但借助于同一语音形式"yuan"，通过语音联想，达成沟通与

---

① 万建中：《民间文学引论》，北京：北京大学出版社，2006年版，第185～186页。

② 郑庆君：《汉语谋篇的谐音机制及其语篇模式》，载于《求索》，2009年第10期，第194页。

意义转换，语篇由此得以成立。

"本原体"与"目标体"是谐音语篇获得成立的两个基本要素。在谐音语篇中，"让本原体与目标体产生关联，还需要一个过渡成分，可称为'过渡体'，这个过渡体通常是一种话语组织，为语篇的整体文义'牵线搭桥'，本原体与目标体便在这一'搭桥'之下产生关联，从而获得语篇意义"[①]。《远志传说》中引子部分与主体部分充当了过渡体，过渡体的位置在谐音语篇中并不固定，可前可后，随着本原体和目标体的不同而产生变化。而本原体、目标体、过渡体"三个要素是否都出现在语言表层，那是话语模式的差异问题，正因为如此，形成了不同的谐音结构模式与类型"[②]。《远志传说》应该属于本原体与目标体同现模式中的"一对一"模式，该模式的典型结构为"本原体（A）→过渡→目标体（A_X）"，A_X 是 A 的同音变量形式，在该传说中，目标体只表现为 A_1。

《远志传说》中的模式：（嫄志 A）→（过渡）李时珍称为"武志"—姜嫄墓地特产武志—当地人称为嫄志—"嫄"字多用于人名、较为生僻—所以药典上便把"嫄志"写成"远志"→目标体（远志 A_1）。

远志的名字是《远志传说》的"中心点"，亦是该语篇中的"谐音点"、整个语篇的"篇核"。笔者通过汉语谋

---

① 郑庆君：《汉语谋篇的谐音机制及其语篇模式》，载于《求索》，2009 年第 10 期，第 195 页。

② 郑庆君：《汉语谋篇的谐音机制及其语篇模式》，载于《求索》，2009 年第 10 期，第 195 页。

篇的谐音机制从结构上分析了《远志传说》这一物产传说的生成路径①，松散的叙事结构与生硬的故事情节构成了"远志"的命名仪式，但恰恰是这类牵强附会的民间传说写本体现了讲述情境的真实形态，具有一定的学术价值。

其实在民间叙事文本的审美上沉积着当地民众集体无意识的精神民俗、生态民俗，这是后稷传说在当下得以产生并传承的重要因素之一。在民间文学作品中，一定的情节内容、艺术形式总是与一定的文化土壤、文化结构相一致，一个区域的文学总是表现本地区特殊的社会生活、文化意识和审美要求。因此，一个区域在接受外区域传播而来的民间文学作品时，不是生硬机械地蹈袭模仿，而总是按照本区域特有的艺术形式、思想理念、审美情趣进行加工改造，使之具有鲜明的区域特色。这种现象可以理解为

---

① 稷山县流传的五谷石传说、五谷路传说与《远志传说》的发生机制大体类同。五谷石的传说："稷山县的稷王庙西侧的半山峰下，一洞内有无数的小石子，其光泽艳丽，酷似玉石，形状大小均与麦、豆、黍、稷等五谷相同，因而本地群众称为'五谷石'，曾经有人把能找到的一扫而光，装在麻袋里背下山研究，并做了自己的收藏。有人说，稷王山上产五谷石，就和南京的雨花台产七彩雨花石一样，有后稷在此教民稼穑，非但人民不会忘记他，就连大自然也造化出纪念稷王的石头，所以象征着五种谷物的五谷石只有稷王山上才会有。又有人说，稷王山下还有五谷路，也叫五股路，第一股路通冰池，是后稷日出而作、日入而息的回家路；第二股路通稷王山，相传为商相伊尹学播五谷之路；第三股为拜祖路，自稷王山经阳王镇至汾河川东部神、西部神拜先祖有邰氏之路；第四股路为万荣'三文路'，相传为周文王、晋文公、魏文侯先后学农之路；第五股为子谏路，是后稷至舜都蒲坂进谏之路。"参见稷山县政协文史资料编委会：《稷山文史资料》，1985年第1期，第161页。另参见《古史辨》第二册李子祥《游稷山感后稷教稼之功德记事》："（稷王）山之旁径，砂石之中，一种明亮之石，有似大小麦颗者，有似黍稷粒者，有似谷实者，有似芝麻粒分白色麻色者，又有似南瓜（一名北瓜）、西瓜、甜瓜各子者；他如板豆、小豆、绿豆、豇豆之形，无不毕具，名五谷豆。"

对同一故事模式多样意义的不同抉择，例如后稷感生传说在周公庙、稷王庙两地的异文。同一故事模式可体现出不同的意义，这是由故事讲述人在具体环境中对模式的不同使用造成的。同一模式具有多种含义，只有在具体的故事讲述中其含义才会明朗，其潜在意义才会实现。"所谓涵义是我们从组织成一体的活动或符号中所阅读出的内容，是英语中的'meaning'，所谓意义是活动或符号中所发挥的作用，显示的重要性。"①

美国人类学家本尼迪克特认为："每个民族为了实现自己文化上的某些目的，都是从某一点上强化经验，并通过创新的选择，使采借来的异族文化因素充分适应本民族的文化，从而使本民族文化达到整体或完全的状态。"②也就是说，某一民族或地区的民间文学总是按其民族文化特征、社会生活、本民族或地区传统的审美要求，有选择地对其他民族民间文学进行借鉴吸收的。群体的心理认同对民间故事的形成起着很大的驱动作用。姜嫄、后稷名下出现了诸多"在地化"的传说写本，这是"谁不说咱家乡好"的民俗心理在传说写本中的质朴表达。民间口承叙事的创作带有民俗的基因，民间文学是在习俗氛围中生存的。"沉淀于群体心理的，构成的群体特定深层心态和思维模式的一些无形心意民俗，较外表生态民俗更潜移默化

---

① 高丙中：《民俗文化与民俗生活》，北京：中国社会科学出版社，1994 年版，第 157 页。

② ［美］本尼迪克特：《文化模式》，王炜等译，杭州：浙江人民出版社，1987 年版，第 45～47 页。

地支配着人们的思索和观察问题的方法。"① 民俗是一种社会群体一致的共同感和行为模式，经年累月，潜移默化，规范着人类个体在社会中的言语活动。个体要成为社会群体的一员，也必须使自己的言行举止等都带有该群体的色彩，并使个体负载的文化与群体文化契合。这一切都是悄然进行的，个体往往在无意识中接受了民俗化的洗礼，家园情感的培养在潜移默化的习俗化过程中形成。作品的产生取决于时代精神和周围的风俗，人们的生活方式与民俗心理不可避免地影响着故事的面貌，于是，诸多姜嫄、后稷名下"在地化"的传说的诞生也就成了情理之中的事。

"民俗是人生的一种永恒的伴侣，在群体生活中的每个人，其语言行为、心理不可避免地打着民俗的烙印，都拥有一个民俗库。古今中外，一概如此。从表面上看，民俗通常以人们生活中司空见惯的不成文的规矩，如风一般地飘流在现实生活中的各个领域，约束人们的语言、心理和行动。成为一个民族或一个集体程序化的生活相。"② 在此笔者套用川端康成的一句名言来比喻论证民间口承叙事与民俗生活的关系：文艺创作中，艺术思维虽然如潮水般流动，但思维的民俗心理结构，却是潜藏着的看不见的河床，规范着它的流向。当下姜嫄、后稷传说写本带有恋乡情感的民俗文化烙印，传说背后是民俗意念河床的规范和约束。

---

① 陈勤建：《文艺民俗学》，上海：上海文艺出版社，1991年版，第71页。
② 陈勤建：《文艺民俗学》，上海：上海文艺出版社，1991年版，第38页。

第三章 武功地方文化学者构建的
后稷传说写本

　　"地方文化学者"是笔者为区别学院派文化学者与普通故事传承人而提出的一个称谓，武功县的退休干部黄权中、稷山县作家协会副主席黄建中等人可以纳入此范围。他们在民众中具有相对较高的文化程度，比较了解地方事务并且有强烈的介入意识。后稷文化圈内的地方文化学者一般有两个共同点：一是具备独立的写作能力，能够公开发表个人见解；二是曾经或正在政府机关或相关部门任职，拥有一定的社会资源与话语权。他们熟稔后稷传说在当地流传的各种形态以及学界关于后稷研究的诸项成果，同时又有意识地对其加以选择和改造。在田野调查中，笔者发现地方文化学者的主要工作是为地方政府服务，他们在构建区域史的工作过程中影响了后稷传说的传承形态，就某种程度而言，在后稷文化圈的各个区域，他们构建的写本充当了权威的区域历史教科书角色。

　　后稷文化圈的不同地区都保存着多部明清至民国时期的地方志，历代地方志的编纂者亦可列入地方文化学者的范围。地方志是展示"地方话语"的一个重要平台，地方志的编纂过程亦是地方文化学者陈述、整理、加工、升华"地方话语"的过程。在某种意义上，地方志编纂人员的构成、分工以及个人知识背景、写作风格等诸多因素都会影响到后稷传说的取材与辑录。以保存地方志文献较多的武功县为例，明清至民国时期曾出现过六部地方志，分别为明代弘治年间的《武功县志稿》，正德年间的《武功县志》，康熙年间的《武功县续志》，雍正年间的《武功县后志》，嘉庆年间的《续武功县志》，光绪年间的《武功县续志》《武功县乡土志》。① 笔者搜集到其中四本，梳理不同时期地方志中的后稷事迹辑录，可以发现不同时期地方文化学者的辑录各具特点。

第一节　武功地区层累造史般的古迹展览

当下武功县利用后稷文化的相关文物遗迹、各类文献载录的碑文与诗词、造访武功地区的名人题词等一系列因素营造后稷故里的浓厚氛围，同时也建构了后稷传说的物象叙事。

"教稼立台漆水畔"被称为"武功八景"之一，作为后稷文化标志性符号的教稼台在历史沧桑中几度兴废。1989年重新建成的教稼台巍巍屹立在武功故城东门外漆水之滨，是武功县第二批重点文物保护单位。重修的教稼台仍位于原址，按照"修旧如旧，维持原貌"的原则重新

---

① 申海林主编，武功县志编纂委员会编：《武功县志》，西安：陕西人民出版社，2001年版，第916~918页。

修建。教稼台总占地三亩六分（长 78 米，宽 31 米），台座呈正方形，长宽各 17.6 米，高 0.9 米，围栏高 0.7 米，栏杆桩数 24 根，象征二十四节气；台体亦为正方形，底面横阔均为 11.8 米，高 6 米，顶面长宽均为 10 米；四面均辟有门洞，寓意一年四季；门洞宽 2.9 米，高 3.2 米，进深 4.4 米；前台阶 5 米、后台阶 6 米，象征五谷丰登，六畜兴旺。南北洞壁分别开辟了小门斜洞，置设台阶，可供人登临。围墙为古建顶，办公、住宿为平房三间。

整个台体造型为氐斗形，继承了古人天星应地表的观念。在二十八宿中，唯有氐宿星呈斗形。而氐斗是古人制作的一种无底斗，通常作为买卖粮食的量具。由此可见，教稼台造型含义深刻。

教稼台因蜚声中外而被列为关中四大名台之首，于右任、吕楠、何正璜等古今名人的诗词联语镶嵌其上；西北农业大学、陕西农业科学院、武功农业科研中心等单位的教学科研简介立于碑台前；众多纪念农业始祖的题字碑碣为后稷故里之名充当了实证。教稼台的碑碣上刻录了大量纪念农业始祖的题字与诗词，笔者拍摄后转录如下：

一、教稼台部分诗词与题字

（1）登教稼台有感

明·都御史　曹琏

后稷封台万世功，登临偏感夕阳红。

风生武水波千尺，云锁香山树几重。

唐宅基湮青草合，许工碑古碧苔封。

（2）万载功勋颂后稷

何正璜

一自啼声出隘巷，锦绣大地成粮食；

华夏兴业农为本，史册从此尽铿锵。（一）

弃之幸能终未弃，喜看盘中今粒粒；

裕国安民赖农事，万载功勋颂后稷。（二）

（3）重修教稼台落成

赵卓儒

周人于此拜图腾，姜嫄生子诗有名；

三弃三收圣贤事，九州九鼎铸大功。

农科城高彩云起，后稷风发喜晚生；

民乐稼穑国之本，漆沮水流今古同。

（4）教稼台前黍离离

蒋紫屏

教稼台前黍离离，瑞气葱茏云霞飞。

耒耜伟业宏远古，稼穑农事逾欧美。

追踪先哲为后启，媲美群贤赖群裔。

遗迹复旧培国本，粮食技惠亿万策。

（5）圣哲祖先

杨午峰

沸沸漆水，膏膏邰田；

播种五谷，泽利万年；

有相有道，圣哲祖先。

后稷肇祀，留此台坛；

昭兹来许，春秋绵绵；

废兴时有，屡圮屡建。

绳其祖武，于万斯年；

我幸遇之，刻石留言；

人皆口食，当有此坛。

（6）丰功垂万代

申志超

后稷始创农，教稼利民生；

丰功垂万代，有口咸碑成。

（7）重修教稼台有感

周唯一

世事兴衰何足怪，前者去矣后者来；

唯有稼穑是根本，吃米不忘重修台。

始祖公德青史载，植菽种麻古有邰；

稷山漆水应作证，教民稼穑仰斯台。

巍巍稷山老益壮，滔滔漆水源流长；

地灵当有人杰在，后稷功德何辉煌。

五谷丰登六畜旺，经济繁荣国运昌；

教稼台前花似锦，神州文明流水长。

（8）武功怀古

张钟秀

武功远古国邰城，先民遗迹布全境。

姜嫄圣母东向日，后稷教稼兴农耕。

朔漠冰霜苏子节，春风桃李绿野亭。

欣逢盛世换新貌，展望前景意飞腾。

后稷封台万世功，扶桑日上晓光红。

漆水环绕川如画，绿野烟迷树几重。

遐想当年耕稼忙，喜看今朝稻菽丰。

民食为天千古训，继往开来须重农。

（9）教民稼穑厥功大

甄瑞麟

武功原上麦芊芊，万众喜迎大有年。

教稼台前思往事，乱离时代几家欢。

教民稼穑厥功大，利国利民万世夸。

后稷有灵应额首，神舟遍地富桑麻。

（10）后稷光辉生

马伯援

仰观稷山景，俯听漆水声。

重修教稼台，后稷光辉生。

（11）咏教稼台

刘更生

教稼古台誉武功，千秋胜迹壮关中。

当时如若无耕种，饮血茹毛终困穷。

感谢先民饶智慧，启迪后代善谋生。

今朝重建符民望，更喜频年五谷丰。

民为邦本食为天，至理名言万代传。

后稷英名教稼穑，首为黎庶富资源。

遵循训示百千载，灌溉肥沃上上田。

更喜现在政策好，力求温饱同阎安。

（12）稼穑传万代

云立峰

后土立国本，稷麦居农先；

教稼树谷艺，稼穑传万年。

台复漆水右，邰定美阳原；

卓哉农科城，思文绪前贤。

（13）咏重建教稼台

曾纪庄

我中华，农立国。有遗迹，延黄河。

新石器，文化古。渔猎辅，农为主。

盘中餐，谁辛苦。有邰氏，姜嫄母。

生后稷，周始祖。教稼穑，创五谷。

促经济，拓致富。炎黄后，十亿口。

教稼台，今重修。谱新篇，垂千秋。

（14）敬献教稼台

李斌丞

原始无粟粮，后稷教稼忙；

渔猎难养生，农桑开新行。

高产上红榜，科学为之纲；

昔日教稼台，今天张家岗。

（15）颂教稼台

王陆飞

昔日教稼台，今日农科城；

后继垂千古，来者攀高峰。

除上述题诗外，还有多家题词：

（16）民以食为天——谢怀德

（17）种植业先师——赵洪璋

（18）炎黄巨柱——闻洪汉

（19）德泽永垂，稼学弥先——周尧

（20）教民稼穑，发端农业——殷世杰

（21）农业祖师，功垂华夏——侯明全

（22）毋忘始祖遗训，发展农业科技——王友直

（23）宏扬稼穑之遗教，开拓现代化农业——马文瑞

（24）兴神州稼穑伟业，奠中华文化宏基——李天葆

（25）继志述事炎黄子孙，教稼神州养毓万世——薛德文

（26）歌颂后稷圣地，遍开农林春花——程明初

（27）后稷伟业兴华夏，再展宏图振宇寰——司传正

（28）后稷教稼浩气长存昭日月，有邰圣地农艺精湛育万代——杜宏飞

（29）继牧兴农开路创业千秋齐唱教稼曲，传授科技拯生泽民万代高颂民族魂——黄嘉英

（30）昔传教稼台树艺六谷父老顶礼膜拜几千载，今建农科城改革五业人民丰衣足食亿万年——李云青

二、教稼台部分碑文

修复后稷遗迹捐助启示

武功为古有邰国，地处关中平原，漆、沮、漠纵横，土地肥沃，物产富饶，古迹文物俯仰皆是。苏武、李世民、游师雄、康海等民族英萃延相诞比，尤以周人先祖后稷在此生息繁衍，教民稼穑，树艺五谷，立我中华数千年农业之基础，所以武功历来被誉为炎黄子孙的发祥圣地。

教稼台、姜嫄后稷祠千百年来一直是树在人们心中的丰碑。

回忆往昔，这些胜迹屡遭破坏，濒于湮没。干部、群众、有识之士、社会贤达等无不扼腕痛心，感慨万千。

且看今天，在农业大师后稷启迪、激励之下，农业科学技术工作者继往开来，含辛茹苦，不断取得丰硕成果，使武功农业科研中心蜚声海内外。许多中外专家学者常常来武功古城寻觅教稼圣迹，缅怀后稷宏大功德，探究华夏古农之渊源。不少社会名流曾多次联名呼吁重修教稼台，恢复姜嫄后稷祠。

欣逢改革盛世，百废俱兴，党和政府大力倡导保护文物。我等耄耋老人对此浮想联翩，寝食不安，愿尽余热，发启群众义捐，共襄盛举修复姜嫄、后稷遗迹，恳望各界人士、在外工作同志等慨解义囊，大力资助，早观厥成，造福子孙后辈。

发启人：赵卓儒、郭使均、蒋紫屏、杨午峰、申志超、黄再兴、高峰、张钟秀、张益三、贺慎之、党俊明、何新伯、李俊儒、段隆、党世昌、李云录。

黄权中撰文　一九八六年十月启

重修教稼台记[1]

邑东郊外有教稼台，相传为后稷稼穑之处。年久失

---

[1] 碑刻内容为地方文化学者黄权中提供。民国二十五年（1936），县长钱范宇重建教稼台，并在台东西洞门镶"教稼名区""教稼台"石额各一方，又在西洞门侧砌钱氏撰"重修教稼台记"石碑一方。20世纪40年代倾圮殆尽，仅余残痕，1989年在社会各界人士的倡导下，依照原貌集资重建。

修，日见残毁。丙子秋，淫雨多日，其西、南两方全行倾圮，台将不保，遂商同建设助理员殷明轩君估公工重修，因其旧，而另令新，预计需洋四百元。以事关保存古迹，经呈准省政府拨款兴修，历时匝月而竣工。爰题"教稼台"三字，镌石颜其额，使过此者知数千年前，后稷教民稼穑，树艺五谷，已立农事之基础，是我国农业之发达，远在各国之先。祇以后世对农事固步自封，不事讲求，降及近代，反落他国之后。训至米麦，年有进口，粮食仰给外人。以农立国，而农业之不竟若此！抚今追昔，曷胜慨叹！来游人士，倘能感而兴起，重整稼穑之遗教，追迹先民之伟绩，挽救凋敝之农村，措国家之富强，则斯台之重修，庶不仅为国保存古迹，纪念往事已也，是为记。

武功县县长浙江杭州钱范宇撰并书　中华民国二十五年十二月谷旦

树石务坚　教稼为本[①]

漆渭之会，有邰古国，相传尧舜农官后稷教民稼穑之地。近世国立西北农专择基圣地，旨在传播现代农业科学，宏扬先民教稼传统，时逾半百余年，历经风雨沧桑。师生终不舍艰苦奋进之志，耕耘播获不息，创农业科研成果数百余项，育农科英才数以万计。学校逐年发展，事业蒸蒸日上，曾更名为西北农学院。今以西北农业大学名世，为综合性全国重点高等农业学府。往昔教稼圣地，今日杨陵农科新城。部省农林院所、学校接踵而立；精英荟

---

① 由现场拍摄的碑刻内容转录。

萃，学子莘莘，现代农业科研教育正兴盛发展。漆水河滨，武功镇郊，旧有教稼台，年久失修，倾圮残毁。幸逢改革盛世，武功及杨陵各界同倡重建。期年间新台亭立，名胜古迹复现，抚今追昔，重温中华民族文明渊源，当思农业现代化任重道远，是知重建斯台意义深远，谨勒石以为纪念。

西北农业大学立　一九八九年九月十日

弥光稼学　振我中华①

周原之东，漆水河之滨，先古农祖后稷，教民稼穑之圣址存也。斯地有新人斯业，土而沃，田而丰，人居以安，食以足，文明礼让兴也，福泽广被，华夏之昌盛亦赖之久矣。陕西农业科学院，择临圣址而立，意犹秉承遗风，开拓我农业经济基础，于兹三十有七年。今专业研究所备有十四个，人员一千六百余名，精密仪器数百台，科技图书一十三万册。今之后稷者辈出，揭释奥秘成果迭诵，足迹遍三秦，技术攀世峰，为恢宏先圣业绩，振举陕西农业，克尽厥职，良久慰也。然览察寰宇展望前程，关锋重重，任重道远，更多绳勉有加，求实求精，绵绵于接，攻关不停，值此盛世仅勒石以祀以记！

赞曰：原川葱葱，漆渭泱泱；

　　　　先圣范绩，泽民富疆。

　　　　莘莘后子，孜孜拓扬；

　　　　阐宏发微，斯业永昌。

---

① 由现场拍摄的碑刻内容转录。

山西农业科学院　一九八九年清明立

兴神州稼穑伟业，奠中华文化宏基
——武功农业科研中心简介

武功是中华民族古农业的主要发祥地，四千多年前被尧舜封为农师"宏我农桑，赋我温饱"的农业始祖后稷，曾在这里"教民稼穑"，教稼台遗址至今屹立在漆水河畔。

············

武功农业科学研究中心协调委员会　一九八九年四月立

三、姜嫄祠、后稷祠保存的古代碑刻资料

纪念姜嫄、后稷的题词碑碣陈列于教稼台，在姜嫄词、后稷祠中还保留了旧有的碑刻资料，皆为诗作：

登上阁祠旧游
唐·韦应物[1]

翠岭香台出半天，万家灯火满晴川。

诸僧进住不相识，且听微钟记当年。

登后稷祠
明·吕楠[2]

夫子天下烈，播谷广炎黄。

苴茅当兹土，稔德邈无疆。

---

[1]　韦应物（737—792），长安（今陕西西安）人，曾屏居武功。

[2]　吕楠（1479—1542），高陵人，字仲木，号泾野，正德三年（1508）殿试第一，中状元，授翰林院编修。该诗讴歌了后稷教民稼穑，结束了炎黄子孙茹毛饮血、食无保障的原始生活，达到了"有口咸食力"，其功德无量。而历代统治者只是荒淫无度，大肆搜刮民脂民膏，结果弄得"风尘翳寰宇"，所见皆赢黎，置百姓于水火之中。作者怀古叹今，抒发了无限同情人民的悲怆之情。

有口咸食力，罔极齐穹苍。

二月武功曲，鹦鸣柳半黄。

星言拜古祠，陟山云中翔。

烟川睇春县，览极独惨怆。

风尘翳寰宇，赢黎裂予肠。

缅维躬稼泽，谁可使均穰。

宿姜嫄祠

清·杨季昌

龙树谈晶夜色留，一天花雨霁新秋。

彩霞散锦随风至，碧月如花上土楼。

咏姜嫄后稷祠

清·贾汉复

千秋粒食颂开先，播德敷功遍九天。

丹殿巍峨松柏古，青苹馥郁豆筋鲜。

三峰远映岚光合，二水分流城市连。

禾黍西成囷廪实，有邰图报动朱弦。

谒后稷祠

彭家述①

年年播谷谷盈仓，万叶生灵仰宿粮。

底事舟车输外粟，伤心今日拜祠堂。

多位地方文化学者通过多种途径搜集、查阅包括历代

---

① 这是中华人民共和国成立之前写在上阁祠上的一首七绝。在农业发端之前，老百姓竟食不果腹，停火断炊，吃粮要靠进口。作者是专程拜谒，还是借道顺访，虽不得而知，但他此时此刻想到饿殍遍地的伤惨情景而无限凄楚，是对当政者的切齿痛恨，对后稷的痛苦追念。根据黄权中评述记录。

地方志在内的各类文献，然后与武功县政府有关部门合作将历代的相关碑文内容聚集于此。按时间排列的石碑群具有"层累"的特点，石碑群"层累"的过程中有地方文化学者证明武功为后稷故里的论证、有当地打造旅游亮点的利益需要，有政府部门增强区域历史感的情感诉求等多种因素，各方力量综合性地建构了后稷传说在该地区的物象叙事。

在后稷传说的语言叙事与行为叙事方面，笔者梳理了不同时期武功县地方志中的后稷事迹，在正德年间的《武功县志》"地理志"部分有如下辑录："夫武功，古有鲐氏之国也。有鲐氏之女姜原为帝喾元妃，生弃教民稼穑有功，封于鲐，号曰后稷。卒子不窋末年夏后氏政衰去稷不务乃奔于戎狄之间。周兴为岐丰之域。平王东迁，赐丰镐于秦鲐，遂为秦邑。至始皇列天下为郡县，以鲐为荣。汉改武功县，隶右扶风。"① 该县志也辑录了当时姜嫄庙的存废情况："姜原庙长安志在城外西南原麓间傍有后稷庙今俱忘矣。后稷祠在城内西上故宝意寺址也。弘治丙长知县学通改建祠后又作姜原祠。"②

地方志中出现次数最多的是姜嫄庙与后稷庙的修缮事件。在雍正年间的《武功县后志》中有如下记载："姜嫄庙，按前志在后稷祠后，今在西山极顶，南向正殿三楹，

① 〔明〕康海纂，〔清〕孙景烈评注：《正德武功县志》（卷之一，地理志第一），据清乾隆二十六年（1761）玛星阿刻本影印。

② 〔明〕康海纂，〔清〕孙景烈评注：《正德武功县志》（卷之十五），据清乾隆二十六年（1761）玛星阿刻本影印。

前献廷称之，外周垣不知何时改建，近又与后稷祠重建。"① "后稷祠，在城内西上，即宝意寺上方故址，前志未详其制，今详之。殿三楹，四角垂簪，南向殿前有碑，马嵬阎铎记之。康熙四十七年邑人重修增建高楼三间作大门，邑人康吕赐记之并见艺文。"②

嘉庆年间的《续武功县志·祠祀志》记载："姜嫄祠后稷祠皆在城内稷山顶。康熙十三年，邑人重修。有康吕赐碑记，又有弘治年阎铎碑记。乾隆二十六年，知县玛星阿重修，有孙景烈碑记。嘉庆十七年树勋重修，有直隶按察使云保碑记。"③ 光绪年间的《武功县后志》的祠祀部分记载："后稷祠，咸丰间增修，式廓于旧，有碑。"④

关于姜嫄后稷的人物谱系，雍正年间的《武功县后志》的"历代封爵表"⑤几乎完全抄录了《史记·周本纪》的人物谱系，笔者将原文摘录如下：

帝喾元妃姜嫄，有邰氏女。有邰氏盖姜姓，神农之后厥后或废或迁，俱不可考。帝尧举弃为农师，天下得其利。帝舜封弃于邰，谥号曰后稷，别姓姬氏。后稷卒，子

---

① ［清］沈华修，崔昭等纂：《雍正武功县后志》，清雍正十二年（1734）刻本，第79页。

② ［清］沈华修，崔昭等纂：《雍正武功县后志》，清雍正十二年（1734）刻本，第79页。

③ ［清］张树勋修，王森文纂：《嘉庆续武功县志》（祠祀志三），清嘉庆二十一年（1816）绿野书院刻本。

④ ［清］张世英修，巨国柱纂：《光绪武功县续志》，清光绪十四年（1888）刻本，第242页。

⑤ ［清］沈华修，崔昭等纂：《雍正武功县后志》，清雍正十二年（1734）刻本，第91页。

不窋立。不窋卒，子鞠立。子鞠卒，子公刘立。公刘卒，子庆节立国于豳。《括地志》云故藁城，一名武功城，路史国名记今永兴武功西南二十里有故邰城。

除此之外，县志中还记载了大量有关姜嫄、后稷的诗词，在《雍正武功县后志》的"艺文"①部分有新安人洪翼的《道经武功谒姜嫄后稷祠》、周日熙的《登后稷祠怀古》、沔水人许孙荃的《武功春日谒后稷祠》，还有阎铎的《重修后稷祠碑记》、康吕赐的《重修姜嫄后稷祠碑记》。

现今的后稷祠大殿为武功县政府于 1996 年重建，姜嫄祠大殿于 1998 年重建。姜嫄、后稷坐像彩绘一新。两座大殿均面阔三楹，进深三间，硬山式顶，透花五脊六兽，屋面布设灰陶板瓦，檐施勾头滴水，古朴典雅，凝重肃穆。每年的正月十五、十六日是武功地区纪念后稷和姜嫄圣母的活动日。各街巷村舍的民众都要鸣锣击鼓争先进香，高跷、社火、秧歌、竹马、彩车、戏曲等昼夜助兴，人山人海高歌欢舞。庙会活动以社火最为热闹，参与和观看的人数最多。社火是我国劳动人民在实践中创造的一种备受喜爱的民间艺术活动，且流传甚广，具有浓郁的民间色彩和地方特点。据地方文化学者黄权中介绍，上阁祠的社火有跷腿社火、柳木腿社火、马社火、车社火等。跷腿社火扮演者要有腿功，内容多是民间小戏或爱情故事，如《拾玉镯》《西厢记》《小姑贤》等；马社火主要以历史故

① ［清］沈华修，崔昭等纂：《雍正武功县后志》，清雍正十二年（1734）刻本，第 135～144 页。

事为题材，《封神演义》《三国志》《东周列国志》和《杨家将》的故事最受欢迎，人物组型有赤红脸一对、黑花脸一对、净白脸一对等。

在访谈过程中，谈及姜嫄祠等古迹建筑，黄权中颇多感慨，武功县大大小小上百间殿宇亭阁在"文化大革命"期间被悉数拆毁，清代康熙时期栽植的几百棵柏树亦被砍伐一空，名人题写的石碑、牌匾均未能幸免。1994 年县人民政府顺应民意，为了确保这一名胜古迹不被湮没而将之列为重点文物保护单位。

总体而言，拥有诸多碑刻资料的教稼台与坐落在武功老城内稷山之上的姜嫄祠、后稷祠等古迹建筑以及庙会等民俗活动，从整体上形成了武功即为后稷故地的浓厚氛围。武功地区通过空间编排、路径设计、场景布置、民俗活动等一系列手段建构起后稷传说的物象、行为等多重叙事，从而生动地呈现了关于后稷的历史记忆内容。从这个意义上看，当地营造的文化景观就是一个叙事文本，教稼台、后稷祠、姜嫄墓、碑碣等是构成文本的主要因素，它们无声地进行着此处为合法性后稷故地的叙述。从碑刻文献、古迹建筑，到后稷路、后稷中学、后稷浴池、后稷餐厅等一系列命名的专名，武功县营造的公共空间并不是一个静止的、客观的物质存在，当地政府不遗余力地建造各类空间，有关姜嫄、后稷的历史记忆渗透其中。空间是文化和社会关系的载体和场域，后稷符号的空间化现象影响到当地民众对姜嫄、后稷的认知与记忆，教稼台等建筑成为当地民众关于后稷的记忆装置。笔者在田野调查过程中寻访了多人，他们都态度坚决地认定武功为后稷故地。

第二节 黄权中的"加注性"后稷传说写本与讲述策略

笔者根据对武功地区的地方文化学者黄权中等人的访谈，了解到地方文化学者在论述后稷地望之争问题上有着强烈的文化自信。他们一致认为，武功地区丰富的县志文献辑录与现存的教稼台、姜嫄墓、后稷祠等大量文物遗迹都是论证武功为后稷故里的有力证据。黄权中向笔者推荐了其专著《武功觅古揽胜》，书中列举了大量考古资料，尽力论证武功为后稷故地，例如将郑家坡先周遗址称为后稷封邰之城邑。笔者考察了地望之争背景下后稷传说在不同区域的传承规律，讨论了后稷传说在武功地区的传承脉络与现代展演①，故对武功是否为后稷故地一题不予论述。

笔者梳理了从古至今的武功地方志，描述出姜嫄、后稷事迹及其感生传说的传承脉络，从时间维度与地方文化学者态度两方面呈现后稷传说的传承特点。关于后稷传说，正德年间的《武功县志》照搬了《史记·周本纪》原

① 展演（Performance）：在理查德·鲍曼对这一概念的双重意义的界定下使用该术语的，一方面指的是艺术的行为（Artistic action），即民俗表演的过程；另一方面指的是艺术的情境（Artistic situation），即包括表演者、艺术形式、观众、场景等因素。运用这一术语，不仅蕴含着"表演"的传统含义，而且标志着民俗学研究的再定位，即由"作为材料的民俗"转向"作为交流的民俗"的研究导向。参见王杰文：《仪式、歌舞与文化展演——陕北、晋西的"伞头秧歌"研究》，北京：中国传媒大学出版社，2006年版，第1页。

文，笔者转录如下："周后稷名弃，其母有邰氏女曰姜嫄，姜嫄为帝喾元妃。姜嫄出野，见巨人迹，心忻然说，欲践之。践之而身动，如孕者。居期而生子，以为不祥。弃之隘巷，马牛过者，皆辟不践。徙置于林中，适会山林多人。迁之而弃渠中冰上，飞鸟以其翼覆荐之。姜原以为神，遂收养长之。初欲弃之，因名曰弃。弃为儿时，屹如巨人之志，其游戏。好种树麻菽，麻菽美。及为成人，遂好耕农。相地之宜，宜谷者稼穑焉。民皆法则之。帝尧闻之，举弃为农师，天下得其利，有功，封弃于邰，号曰后稷。帝舜曰弃黎民阻饥尔后稷播时百谷。别姓姬氏，后稷之兴在陶唐，虞夏之际皆有令德。后稷卒，子不窋立。韩诗章句姜姓原字或曰谥号也。诗传名原。"①

关于后稷的地望之争，雍正年间的《武功县后志》亦有相关记载："周姜嫄墓见前志，其墓地中高，两旁垂拱如翼，俗名飞凤穴。一统志云：姜嫄墓在邰周殊误。按公刘当夏季始迁邰，安得葬姜嫄于邰地耶？"② 此辑录鲜明地表达了当时地方志编纂者的立场与态度。

当代县志中有关姜嫄、后稷的内容更为丰富，在后稷的介绍部分，《武功县志》在原文摘录《史记·周本纪》的基础上，在文尾添加了一段文字："鞏昌府志凡例云：康太史志武功，海内推焉。后稷圣人；唐祖、太宗帝王，

---

① ［明］康海纂，［清］孙景烈评注：《正德武功县志》（卷之三，人物志第六），据清乾隆二十六年（1761）玛星阿刻本影印。
② ［清］沈华修，崔昭等纂：《雍正武功后志》，据清雍正十二年（1743）刻本影印，第71页。

俱收之人物，不另标题，或疑其褒。太史曰：太华高，群山倚重，奚褒哉，此名言钜识也。"① 对姜嫄则进行了与《史记·周本纪》有所不同的介绍："列女，帝喾元妃姜嫄，有邰氏女也，初无子，与帝喾湮祀郊禖，以求有子。出遇巨人迹，悦而践焉。震动有孕，乃生后稷。是为周人生民之祖。诗曰：厥生初民，时维姜嫄，盖此之谓也。余见《史记·周本纪》。"② 在该记录中添加了姜嫄婚后无子，与丈夫帝喾共同祭祀求子的内容，对姜嫄的求子动机进行说明，努力对后稷感生神话进行科学性、生活性的解释，尽量回避后稷无父而生的相关说法。

与古代文献和地方志文献相比，当代地方文化学者的辑录与阐释都发生了一定的变异，黄权中在《武功觅古揽胜》一书的"姜嫄墓"中介绍了后稷感生传说。为完整呈现该则后稷感生传说文本的知识生产过程，笔者特将"姜嫄墓"部分内容摘录如下：

> 姜嫄墓位于武功老县城南郊小华山上，康对山《武功县志》云："姜嫄墓在上南门（西门）外，南去三百六十步，有三坎，墓在坎上，与东原梅家庄直。"墓向朝东，地形中高，两侧垂拱如翼，故名"飞凤穴"。翠柏郁郁葱葱聚陵墓周围，覆盖整个山头，历代碑铭相夹其中，驻足仰望十分壮观。"姜嫄古墓小华山"为"武功八景"之一。

---

① 申海林主编，武功县志编纂委员会编：《武功县志》，西安：陕西人民出版社，2001年版，第882页。

② 申海林主编，武功县志编纂委员会编：《武功县志》，西安：陕西人民出版社，2001年版，第892页。

姜嫄墓背附邰原，面临漆水，墓前杏林桃园，菜圃苇塘好似一幅大自然织成的锦绣，美不胜收。古诗云，"姜嫄秀冢依邰封，满川春雨落花红"，记述的就是此景此情。

姜嫄墓原占地四十余亩，陵园有围墙、石碑坊，清乾隆四十二年（1777）山西巡抚毕沅题书"姜嫄圣母之墓碑"，光绪年间知县陈尔茀敬立的石碑坊等全被夷毁。

母陵华山顶，万古青蒙蒙。秋色从天降，苍然满园中。

这是笔者来墓前祭祀时触景生情随手书写的一首小诗。人为和自然的破坏犹如秋风落叶，把绿荫浓蔚的古陵园一下变成了一片苍白，枯衰破败，令人忧伤。石牌坊、围墙、碑碣、石刻全部毁掉，古柏花木亦挖掘一空，墓冢被剥饰如同一个很不起眼的介乎常人墓的小土疙瘩。

全国第二次文物普查后，姜嫄墓开始被定为县级重点文物。1985年重新划定了保护范围。现在看到树立在陵前的三朵型牌坊是1993年重建的。正面石刻匾额"姜嫄圣母墓"是依照清光绪三年（1876）三月，陕西督学使吴大澂原篆书（已残）复制而成的。其他三幅小匾额和两幅联语是根据《诗经》有关内容即时撰拟的。正面两厢小匾额分别为"厥初生民""炎黄巨尊"；联语为"履帝武敏周人生，亘古高冢志邰城"。牌坊后面匾额为"母仪邰城"，联语为"大雅一歌山川秀，益稷三篇漆水明"。凝望着屹立在华山山头新恢复的"姜嫄圣母墓牌坊"，游览于此，令人"高山仰止，景行行止"，对这位中华民族的伟大母亲怎能不肃然起敬。

《史记·周本纪》载："周后稷，名弃，其母有邰氏女，曰姜嫄，姜嫄为帝喾元妃。姜嫄出野，见巨人迹，心忻然悦，欲践之。践之而身动，如孕者。居期而生子，以为不祥，弃之隘巷，马牛过者，皆辟不践。徙置于林中，适会山林多人。迁之，而弃渠中冰上，飞鸟以其翼覆荐之。姜嫄以为神，遂收养长之。初欲弃之，因名曰弃。弃为儿时，屹如巨人之志。其游戏，好种树麻、菽，麻、菽美。及为成人，遂好耕农。相地之宜，宜谷者稼穑焉。民皆法则之。帝尧闻之，举弃为农师，天下得其利，有功。帝舜曰：'弃，黎民始饥，尔后稷播时百谷。'封弃于邰，号曰后稷，别姓姬氏。"考古学家认为，有邰氏女为炎帝部族的一个支派，以女人养羊为姓氏，故姜姓以羊为"图腾"。羊是当时人类赖以生存的重要的较为理想的生活资料。羊的性情温和善良，中华民族以"羊""人"为美（古代"大"通"人"），以"善"为美，都产生在这个时期。

炎黄联姻周人生，圣母姜嫄史有名；

慈仪长存昭日月，凤穴圣冢荣邰城。

原始氏族公社时期，在黄河流域有两个部落酋长，一个是炎帝，一个是黄帝。他们都是中国人的始祖。姜嫄是炎帝之后，帝喾是黄帝之后。两氏族对婚联姻，生下第一个姬姓周人，后发展成中华民族最主要的一个支派。武王伐纣建立西周王朝，历时八百余年，奠定了中华民族文化的基础，是中国历史上第一个最为辉煌的时期。

姜嫄祈子与帝喾出祀郊外被媒，履巨人迹而生子。弃教民稼穑始有谷食。《诗经·大雅》将这一祈子活动美化成一个神话故事，尊后稷为天配所生，而异于常人。这是完全可以接受和理解的。从此以后"炎黄子孙"便成了居住在神州大地上先民的总称。现在不管是居住在本土的中国人，还是漂泊异国的华侨乃至外籍华人都怀着这样一个美好传说：自己是"炎黄子孙"。

炎帝部族是我国较早进入农耕社会的部族，姜嫄把姜姓部族的农业经验传给后稷，对他的成长起了很大的作用。后稷在农业上的伟大建树是与姜嫄分不开的，而方有"农师之举，有邰之封"。因此，周人对姜嫄的崇敬也是至尊至圣的，如《诗经·闷宫》中就称，"赫赫姜嫄，其德不回"——姜嫄伟大而光明，她的品德最纯正。所以人们尊她为"人祖""圣母"，其陵与邰共荣。这样有邰故地——武功亦获有"中华民族的摇篮"之一的美誉。1992年省人民政府将其升格为重点文化保护单位。

姜嫄墓所在的小华山，对面岸岸委蛇，岗峦叠嶂，形似朝臣中的"笏板"。人们称其为"万笏来朝"，寓意圣母懿德经天纬地，无与伦比，连峰峦、岸岭也为之朝拜。小华山虽小，却比五岳之一的华山先名于史。根据古老美妙的解释，"华即花"，原始先民们崇拜的万物中首选最美丽的是鲜花。花不仅丰富了他们的生活，更重要的是许多植物开花之后又结出了他们赖以生存的果实。后稷树艺五谷，既可观赏四季之花，又可享受各种粒实。故姜嫄所葬之峰峦被称为小华山，百花簇拥以示寄托美好的思念。现代人为死者献花当同此意。中华民族在秦汉之前称"华夏族"亦从此而来，这里的"华"与"夏"（中国历史上第一个朝代名）合起来便称"华夏民族"。小华山虽小，鲜为人知，但却早已名垂青史，理应唤起人们的青睐，风景这边独好。

姜嫄古冢芳萋萋，远志华山菀碧碧。

眷眷邰人怀懿德，年年清明行礼仪。①

文中除了作者自己撰写的诗句外，还对彭家述题写的《谒姜嫄墓》②进行了评述，认为："作者对于姜嫄履巨人之迹而生后稷以及帝喾配姜妃表示怀疑，也代表着部分人的认知，其实此时已进入父系社会，前人对《诗经》《史记》记载早有认同。姜嫄和帝喾同去郊外祭禋生子，将其美化为'天配''三弃三收'，以此神化后稷，而非常人，是可以理解的，合乎情理的。"③

可见黄权中关于后稷感生传说的论述与武功地区整个物象叙事、当代武功县志编纂者的书写指向保持了同一基调。与秉持信史原则的县志辑录不同，其秉持中国神话历史化的观点，采用政治神话的论点，通过加注性的阐释方式解释了后稷感生传说的神奇性内容，进行了实证历史观的论述。地方文化学者黄权中并没有在"主观真实与历史

———————

① 参见黄权中：《武功觅古揽胜》，西安：陕西师范大学出版社，2005 年版，第 10~15 页。笔者注：黄权中作为地方文化学者，积极参与区域史的建构，书中多数观点属于个人见解，与学术界主流观点并不一致。如何理解地方文化学者与区域史的关系，权力、地缘因素、个人学养的诸多因素如何影响地方史的书写与呈现，区域史的知识生产是一个颇有研讨空间的课题。

② 彭家述题《谒姜嫄墓》："巨人遗迹是耶非？践履居然抱孕归。母系分明存世代，何须帝喾配姜妃。"

③ 黄权中：《武功觅古揽胜》，西安：陕西师范大学出版社，2005 年版，第 15 页。

真实"的框架中纠结，直接将后稷感生传说定位为神话的历史化①，促成了"加注性"后稷传说写本的诞生。在笔者访谈过程中，黄权中的观点与其著作观点保持一致。在知晓了笔者的来意后，他如数家珍般讲述了武功县的诸多后稷文化遗迹，后稷感生传说夹杂在其介绍姜嫄墓的讲述中，并且在讲述中对后稷感生传说进行了加注性的评论。

学术界关于后稷感生传说的解释众说纷纭，有图腾考验说、生育禁忌说等多种观点。政治神话是其中一种观点，有学者提出："感生神话是关于人类始祖诞生的一种神话类型。留存在古代史籍中的汉族感生神话，显示了人们普遍共有的寻根问祖的民族心理，更反映了掌握着历史话语霸权的阶层神化其祖先身份，强调其'天权神授'正统性的主观意图，体现出实用性、伦理性和男权意识，具有明显的政治功利性。"② 亦有学者提出感生神话的生成模式，认为："中国的各种史籍在记述古代帝王的身世时都具有两个显著特点：一是强调该帝王承袭祖业的正统性；二是强调大肆渲染该帝王祖先的神圣性。……即使是那些高喊着'王侯将相宁有种乎'的口号起于阡陌的黔首

① 中国神话的历史化过程实际上是神话叙事受制于封建主流文化话语霸权的过程。经过历史化改造的神话是古代神话的主要形式。历史化了的神话，是与农耕文明相适应的惟道德理性的现世主义思维方式支配的结果，其依附于道德政治之上，充当道德政治的图解。具体而言，是出于神化帝王、帝王神化及建立帝王谱系的需要。中国文学的功利主义品格，起初是在神话历史化的进程中确定下来的。参见万建中：《民间文学引论》，北京：北京大学出版社，2006年版，第119页。

② 蒋雪鸿：《话语霸权下的中国汉族感生神话》，载于《遵义师范学院学报》，2010年第3期。

百姓，做了帝王以后也要重操起'龙生龙，凤生凤'的老调，为自己杜撰出一套诡异离奇的身世来历。"① 黄权中采纳政治神话之说，强调后稷感生神话是"宠神其祖，以取威于民"②。那么，黄权中的神话观与历史观是如何建立的呢？笔者尝试结合黄权中的个人经历剖析其神话观的建构过程。黄权中于 1935 年农历三月初二出生于武功县高村一个农民家庭，1954 年毕业于乾县师范，先后在县文教局、县文化馆、县文管委会工作。曾任县文化馆党支部书记、馆长兼县地方志编纂委员会办公室副主任，县文物管理委员会党支部书记、副主任兼办公室主任，职称为馆员。其工作性质主要是为地方政府服务。

地方政府在很大程度上主导着地方后稷文化的建构，如何使姜嫄庙会等民间信仰活动与大传统③相互作用，促进地方利益最大化？如何将后稷传说的虚幻性与真实历史结合？地方政府必须采取稳妥而有说服力的处理措施。在

---

① 赵林：《协调与超越——中国思维方式探讨》，武汉：武汉大学出版社，2005 年版，第 19 页。

② 李娟：《中国古代感生神话非图腾崇拜说初论》，载于《唐都学刊》，2002 年第 4 期。

③ 大传统与小传统这一对概念是由研究小部落文化发展的传统人类学理论在研究复杂社会时产生困惑而产生的。美国人类学家罗伯特·雷德菲尔德在对墨西哥乡村地区进行研究时，开创性地使用大传统与小传统的二元分析框架，并在 1956 年出版的《农民社会与文化》中首次提出了大传统与小传统这一对概念，用以说明在复杂社会中存在的两个不同层次的文化传统。这对概念产生的影响力非常广泛，大小传统已经成了今天的人类学者、民俗学者的共识。大传统原指复杂社会中的以都市为中心、以绅士阶层和政府为发明者和支撑力量的文化。本书所采用的"大传统"概念强调的是由国家认可并支持的、具有本传统的、比较制度化的文化，我们一般将它视为国家的正统文化。

该项工作的实施过程中，地方文化学者如何建构区域史的态度就至关重要。在访谈过程中，笔者发现黄权中本人对后稷感生传说的诸家说法了如指掌，其在撰书立说及与外界交流的过程中采用了与地方政府大传统同一基调的对外宣传。作为政府的文化参谋，地方文化学者充当了正统文化的宣传员，其角色影响其神话观的确立与讲述策略，地方文化学者的此类型讲述策略作为一种惯习在特定场域传播。场域是一个客观关系的系统，它体现于事物或社会体制中，而惯习则体现于人身体之中，是主观的，但又不能脱离社会，它是一种"社会化了的主观性"①。场域和惯习相互形塑、互相制约，每一个场域都是一个充满动态关系的争夺空间，各个行动者（个人或集体）具有不同的文化资本，凭借惯习来选择策略，用于保证和改善他们在场域中的位置。

---

① ［法］皮埃尔·布迪厄、［美］华康德：《实践与反思：反思社会学导引》，北京：中央编译出版社，2004年版，第170页。

第四章　作为蒲剧剧本的后稷传说写本

从古至今，后稷传说在后稷文化圈内以各类异文的形态呈现。2010 年 9 月，笔者在稷山县对相关创作人员进行访谈，搜集了剧本初稿《后稷传》、演出剧本《农祖后稷》、后稷文化研讨会会议记录、地方文化学者的论文等多项文字资料。综合口述与文字资料，按时间顺序呈现后稷形象在剧本初稿与演出剧本中的演变轨迹，分析后稷传说的演变传承规律。

从剧本创作、修改到定稿历时一年有余。在初稿完成后的修改阶段，稷山县委、县政府曾数次邀请山西大学、山西省社会科学院、陕西师范大学等单位的专家、教授来稷山举办后稷文化研讨会，集思广益，在雷平良撰写的蒲剧剧本《后稷传》的基础上，数易其稿，最终由任国成、张大魁、韩树荆担任编剧，定稿《农祖后稷》成为舞台演出剧本。2010 年，由稷山县蒲剧团编演的《农祖后稷》在稷山、运城、太原等地陆续演出，该剧是我国第一部反映后稷文化的大型历史舞台剧。

后稷故里的地望之争在学界由来已久，"关中说"与"晋南说"的长期论战是一个热点问题。因为在探讨研究中华文明起源、早期国家形成等重大问题的过程中，都会不同程度地涉及对后稷所居"邰地"的认定，特别是在先周考古与先周文化的研究领域，如何认定"邰地"更是无法回避的重大问题。在后稷文化圈，各地都将后稷故里之名视为本地的重要文化资源，山西稷山县的呼声尤为强烈。当地地方文化学者论证稷山为后稷故里的撰文数量庞大，其中主题先行、硬伤频现、学术规范欠缺的文章为数不少。

总体而言，围绕剧本产生的一系列相关事件可以视作稷山县的一种"组织叙述"。"组织叙述"是现代传播学中的重要概念，"组织"主要指具有一致的利益和价值观念的人类共同体，适用范围较广，既可以指国际组织、国家、政党、工会、群团等具有同一目标、行动纲领、制度、纪律准则等的具体"组织"，也可以指具有相同利益诉求和价值观念的群体，如社会的阶级、阶层、民族、教派、家族等。"组织叙述"就是反映"组织"的目的、志趣、价值观、维护"组织"利益的话语表达形式。在稷山县，政府与地方文化学者、蒲剧团演职人员等群策群力，通过创作与演出大型历史舞台剧《农祖后稷》，积极进行稷山县为后稷故里的"在地化"努力。后稷文化的"组织叙述"还体现在其他诸多方面，如 2005 年成立了后稷文化研究会；创办了全国唯一的后稷研究刊物《后稷文化》季刊；邀请作家张雅茜创作并出版了《稷播丰登》一书；稷山县报社与县志办编辑出版了《稷人说稷》《稷山风情》等书籍；申报并成功获批《后稷传说》为省级非物质文遗产项目，等等。

第一节　蒲剧《后稷传》与作为
"组织叙述"的研讨会

　　稷山县作家协会副主席黄建中向笔者提供了雷平良撰写的新编历史蒲剧①《后稷传》的文字底稿（即供研讨会专家讨论的征求意见稿）。《后稷传》的出场人物分别为姬弃、姜嫄、小玉、头人、生口（奴隶）、尧帝、舜帝、大禹、皋陶、伯益、丹朱、夔、鲧、娥皇、女英、浑沌、共工、三苗、众烝民、众民工、宫卫、护卫、宫女等。演出场次为：第一场，志在烝民；第二场，尧舜得贤；第三场，教民稼穑；第四场，尧舜禅让；第五场，力挽狂澜；第六场，荐禹治水；第七场，巨星殒落；尾声，万世流芳。演出场次顺序即该剧目的主要情节，故事梗概为后稷

---

　　①　蒲剧是山西省晋南地区广泛流传的剧种，又名"蒲州梆子"，亦称"乱弹"，因兴起于山西南部的古蒲州（今永济）而得名。与中路梆子（晋剧）、北路梆子、上党梆子合称"山西四大梆子"。蒲剧主要流行于山西、陕西、河南三地，远及甘肃、青海、新疆、内蒙古、河北等省的部分地区。蒲剧的表演程式丰富，行当齐全，分须生、老生、正旦、小旦、老旦、大花脸、二花脸、三花脸等角色行当。表演特点是火爆奔放、刚健大方、舒展明快、含蓄细腻、注重做工，擅于用特技表演人物，有不少难度极高、观赏性极强的表演技巧，仅特级绝活就有三十余种，其帽翅功、翎子功、鞭子功、椅子功、扇子功、彩功等表演特技在全国享有盛名。蒲剧的行当分工明细，生、旦、净、丑各行有各行的功、各行的戏，且各行都善用特技。例如须生多用"四子"来表现人物的情绪和性格，"四子"即胡子（髯口）、翅子（帽翅）、鞭子（马鞭）、梢子（甩发）。蒲剧的脸谱、构图、色彩、线条等简洁朴素、活泼明朗、富有装饰趣味，比较恰当地表现了剧中人的形貌特征和性格特点，有的还能表现其出身及重要经历。在用色上，蒲剧多用红、黑、白（亦称粉）、绿、紫、灰、金等丑行的脸谱，大体分为大三花脸、小三花脸、老三花脸三种。2006年，蒲州梆子被列为第一批国家级非物质文化遗产名录。

在稷山县小阳村倡导稼穑，与主张狩猎的头人发生冲突，头人因此害死了姜嫄。后稷因为与头人打官司而被尧帝发现其才能，任命其为农师。后稷先后进行了教民稼穑、流放丹朱、推荐并协助大禹治水等重大事件，最后积劳成疾，逝世后埋葬在稷山县稷王山。

从整个剧本来看，《史记》中着墨较多的后稷感生神话在该剧本中没有占据戏份，农业事功传说也没有过多的介绍，可能是剧本过于追求传奇性，对情节进行了戏说式的文学想象与浪漫化处理。地方文化学者关于后稷故里的论证一直贯串全剧，在剧本的时代背景说明部分附有黄建中解释稷山如何被认定为后稷故里的文字。在剧本中这一观点则与故事情节相结合，例如第一场的故事场景设置在稷山县小阳村，由剧中姜嫄的唱词①可以了解，小阳村不仅是姜嫄的娘家，还是后稷的出生地。

在剧本的修改阶段，2009年4月8日，稷山县委宣传部召开了稷山县后稷文化暨《后稷传》剧本研讨会，与会学者有山西省社会科学院文学研究所所长贾克勤、陕西省社会科学院院长杨尚勤、山西省社会科学院文学研究所副所长陈坪、山西省考古研究所驻侯马工作站站长田建文、侯马市作家协会副主席刘云霞、运城市文化局戏剧研

---

① 姜嫄：（唱）那尧帝儿亲兄异母分娩，众嫔妃互攻讦誉帝心烦。娘当年倡稼穑犯颜直谏，誉帝怒指骂娘为妇不贤。将王妃贬焉民赶出宫院，全不念娘身怀姬家儿男。往日里还故乡村头人满，这时候一个个远避旁观。我二老闻噩讯气绝当院，立时间娘早产倒卧门坎。天昏昏累爹娘因我断，风冷冷怀抱着无父儿男。弃儿汾河岸，娘欲投波澜。我儿哭声惨，声声裂娘肝。为我儿娘不死挥泪立站，儿名弃悲母子命运相连。参见蒲剧剧本《后稷传》。

究所所长宁云峰、运城市博物馆王泽庆、运城市诗词协会会长杨山虎等人，各位学者踊跃发言，为剧本的修改献计献策。笔者根据黄建中提供的会议记录①将相关意见分类整理如下：

在后稷形象的塑造方面，多位学者提出了修改意见，例如贾克勤提出："结尾写后稷去世、巨星陨落，但没有写出他的'巨'在哪里？整个戏剧脉络不大清楚，主体不太突出，后稷教民稼穑这一块没有写透。"杨尚勤提出了"人神定位"问题："东北师范大学教授曹书杰在他所著的《后稷传说与稷祀文化》一书中讲，后稷是人神合一的人物。这个观点我赞同。《后稷传》剧本把后稷定位为人是对的，但也有点神话，有点神韵。在这方面不妨大胆探索，具有创意。"

关于后稷传说与历史的关系问题，陈坪提出："后稷教民稼穑是一个生产过程，在舞台上不好表现。后稷所处的时代，是人神共存的时代。古希腊悲剧，就体现人与命运的抗争。后稷传说是英雄史诗，开创了一个时代，从狩猎时代走向农耕文化，这是一个正剧。古希腊悲剧用歌队表述故事，我们是否用优美唱腔来表现主题？二是后稷所处的时代是人与自然的矛盾，阶级矛盾少写。"刘云霞认为："后稷文献记载很少，但民间流传许多神话，神话是历史的影子，我们要把这些进行系统化整理，写出让观众信服的东西。"

---

① 与会专家发言内容由黄建中提供。

关于后稷的地望问题，田建文认为："后稷起源于咱们稷山，商代晚期后稷子孙迁移到武功、岐山一带，他们把始祖也搬到那儿，给后人造成错觉和误解，实际上，后稷就是生在稷山一带。他的历史定位就是粮食大臣，也是农神。"杨山虎则对《后稷传》剧本将姜嫄家乡安排为稷山县小阳村持肯定态度。

与会学者的意见可以概括为以下两个要点：第一，响应当地政府的倡导，强调稷山县为后稷故里，《后稷传》剧本的现实功用是为打造稷山文化品牌服务。第二，强调处理好历史与神话的关系，处理好姜嫄、后稷等人物定位的问题。

研讨会之后的 2009 年 4 月 10 日，剧本作者雷平良约请运城市诗词学会会长杨山虎，稷山县作家协会主席、后稷文化研究会秘书长宁水龙，原稷王庙文管所所长宁尧铭，原稷山县博物馆馆长高炜，稷山县作家协会副主席、《后稷文化》编辑黄建中五位地方文化学者进行会商，经过讨论形成如下八点共识①：

第一，对雷平良导演创作的大型历史剧《后稷传》整体框架应给予充分肯定，并在现有基础上根据各位专家学者的意见进行修改。

第二，把后稷作为伟大的历史人物来对待，坚决避免将该剧写成神话和传说。写成了神话和传说就成了虚无缥缈的东西，不仅剧本站不住，而且势必严重冲击武功县高

---

① 黄建中提供的文字资料。

举后稷文化品牌，加快稷山社会经济发展的战略决策。

第三，全剧创作坚持以粮食问题为主线，突出后稷发现稷米、教民稼穑、开创中国农耕伟业的丰功伟绩，启迪我们坚持科学发展观，解决现实的"三农"问题。

第四，对第三场教民稼穑进行重写。着重反映后稷躬亲播种，历尽艰辛推广农业生产的历史性贡献。

第五，对全剧人名、地名、称谓进行全面推敲，避免出现常识性错误，力求在社会大背景准确真实的情况下，开展文艺创作，给观众以真实感、艺术感。如不再用小玉这个名字，《左传·宣公三年》记载后稷夫人为姞氏，杨山虎同志建议改为姞妞，刚开始用姞妞，结婚后用姞夫人，避免杜撰的争议。

第六，对第一场"志在烝民"和第二场"尧舜得贤"进行修改、整合、压缩。为第三场"教民稼穑"留出空间和时间，全剧整体时长控制在两小时到两个半小时之间。

第七，第六场"荐禹治水"对其他人物、场景进行虚写，重点突出后稷为大禹治水提供粮食和物资供应的戏份。

第八，对第七场"巨星殒落"和尾声"万世流芳"在现有基础上进行改写，力求更加深入、细致、感人。

从"组织叙述"的维度考察剧本初稿的创作与修改过程，可以看出不同主体围绕着打造稷山文化品牌这一根本目标呈现出不同的诉求：剧本作者努力塑造后稷"高大全"式的人物形象、设计剧烈冲突的情节，追求《后稷传》的演出效果；各地学者从自己熟悉的研究领域出发，在尊重史实的前提下进行"历史拼图",对后稷传说进行重构与分析;地方政府则将后稷这一上古传说人物作为地方文化资源,出于经济效益等现实目的,期望剧本创作人员将后稷这一传说人物与稷山县联系起来,将其符号化,赋予其特定意义,为扩大稷山县的知名度服务。不同主体的积极参与促了稷山县后稷传说异文的诞生,地方利益群体的"组织叙述"也是后稷传说传承的动力机制之一。

第二节 蒲剧《农祖后稷》:现代叙述 "移位"的卵生母题

剧本作者任国成、张大魁、韩树荆等人聆听多方意见,历经三次修改后于 2010 年 7 月形成了舞台演出剧本《农祖后稷》。该剧共分九场,讲述了四千年前的唐尧时代,后稷在汾水河畔的天神山(今稷王山)下降生、成长乃至后来冲破狩猎部落及传统势力的反对,选育"五谷"教民稼穑,终使华夏民族跨入农耕文明新时代的故事,剧本围绕捍卫农耕与狩猎两类生计方式的人物的矛盾,戏剧化地增加了狩猎代表猎虎与农耕代表后稷围绕着头人女儿姜鹰发生的情感故事。剧中人物分别为姬弃(帝喾之子,即后稷,小生)、姜嫄(帝喾元妃,姬弃之母,正旦)、姜鹰(姬弃恋人,狩猎部落头人姜豹之女,性情刚烈、正义,小旦)、羲和(天象专家,须生)、姜豹(天神山狩猎部落头人,性情暴烈、头脑简单,二净)、姜妻(彩旦)、猎虎(姜豹亲随,欲娶姜鹰,奸巧诡诈,小丑)、邰王

[有邰国国君，大净（或老生）]、帝尧（须生）、巫师（姜豹巫师，杂）、当地四位老人、众猎户、男女青年、天兵、侍卫等人。该剧采用了后稷感生神话中的卵生母题，围绕后稷的神异诞生展开故事情节。"母题"指"民间叙事作品（包括神话、传说、民间故事、叙事诗歌等）中最小的情节元素"①。母题特征鲜明，可以从一个叙事作品中脱离出来，在历史传承中具有独立存在的能力和顽强的继承性，虽然母题的数量有限，但通过不同的组合，可以变幻出无数的故事。《农祖后稷》中的卵生母题是构成戏剧冲突的一个重要环节，促进了情节的发展。

将《农祖后稷》与《史记》等历史文献进行比较，可以发现在当下后稷感生神话已经褪去了其族源神话的政治色彩，"移位"为地方戏剧的素材，在新的历史环境和变异载体中绽放出新的生命活力。神话题材与意象在"移位"过程中的盛衰消长正是后代社会各种价值观念取向的投影，比较其主题变异中的文化意蕴，能更好地认识神话、传说与历史的辩证关系。

笔者将剧本中涉及卵生母题的情节内容择取如下：

序幕

（主要介绍了姜嫄产子生了肉球，拉开故事序幕）

起乐：戏前画外音解说：在远古的蛮荒时代，人们靠采集渔猎生存，生活难有保障。特别是每到冰封雪盖的冬

---

① 陈建宪：《神祇与英雄：中国古代神话的母题》，北京：生活·读书·新知三联书店，1994年版，第11页。

天，更是挣扎在死亡线上。从采集渔猎到农耕文明，是人类历史的一大飞跃，也是一场艰难的变革。四千年前，华夏民族史前的这一场变革，就发生在今稷山县境，汾水河畔，稷王山下……

怪异的音乐声中开幕

大雪纷飞中的小阳村（场景）

一束灯光下，照着舞台正中一团闪光的肉球。突然，随着一声惊天动地的爆裂声，肉球崩开，一声儿啼响彻云霄。

伴唱：一声儿啼声震天——

后台姜嫄撕心裂肺地喊声：儿子——

姜嫄缓缓走上舞台。

伴唱：一声儿啼声震天！农祖降生到人寰！自古圣贤多磨难！农祖落地步步艰！

合唱中姜嫄抱着襁褓中的农祖姬弃，由舞台深处款款走来，走过后表演区，走过前表演区，造型。灯暗。

第一场

（后稷实验农耕，遭到当地猎户的反对，争执过程中猎虎提及后稷出身）

十八年后。

姜嫄故里小杨村外，天神山（今稷王山）下。

舞台分为前后两个表演区，前为狩猎区，后为农耕区。底景上有绿禾如茵一畦田。

（其中有猎户、四位老人与姬弃的吵架内容）

一猎户：听人说，他（后稷）本来就是个天生妖孽，生下来就不是……

四老人：就不是人……人种啊！

姬弃：你！胡说！

第二场

（姜妻以自唱方式道出了人们关于后稷出生情况的舆论以及姜鹰与后稷的恋爱关系，还有猎虎欲娶姜鹰，安排手下冒充巫师指责后稷出身情况）

1.（场景）姜豹家中，姜豹正在缝制兽皮。

姜妻：（唱）夫君下山相亲去，我在家中干着急，姜鹰女儿不像个女，山上山下满天飞。脾气刚烈性子野，不碰南墙头不回。她爹曾经猎虎许，她偏要嫁个姓姬的。有说那姬弃生得不吉利，是天降灾星害人哩。因此上才被帝誉弃，将母子贬回娘家居。有说是娘踩上帝迹，怀孕生产世间稀。栽花弄草有灵气，是天生圣人降福祺。有说东来有说西，难保是凶还是吉。我夫妻软劝又硬逼，软劝硬逼女不依。夫无奈亲自相亲去，是福是祸我把心提。

2. 巫师：养育万物，天地主宰；谁敢冒犯，严惩不贷。姬弃降生，肉球一团；天降妖孽，祸害人间！

众（骚动）：妖孽？

巫师：姬弃妄为，天威冒犯；天地发怒，绝不宽容；派遣天兵，横扫妖田！

第三场

（姜鹰向后稷讲述其出生情况，后稷知晓了自己奇异降生之事）

姜鹰：可巫师还说，弃哥哥生得怪异，是，是个天上掉下来的肉球……

姬弃：肉球？

姜鹰：还说你是天生妖孽，祸害人间啊！

姬弃：（歇斯底里地）不！这不是真的！

（唱）巫师一言心震颤，竟是天降肉一团！种五谷竟把天冒犯？

第四场

（姜嫄后稷母子对话，姜嫄当面讲述后稷出生的情况）

姬弃：这……母亲，孩儿是如何来到人世的？

姜嫄：你？你是为娘亲生的呀！

姬弃：（不忍说出的）可，可，可有人说我生下来就不是一个正常的婴儿，母亲，这不是真的！

姜嫄：你听何人所说？

姬弃：巫师所说，巫师所讲！儿是天降的妖孽，娘，这是真的吗？（哭）

姜嫄：是……

姬弃：是上天掉下来的一团肉球！你为何这样将孩儿带来人间，叫孩儿如何活在人世呀！我恨死你了！我恨死你了！

姜嫄：（唱）儿声嘶力竭一声喊，我千痛万苦涌心间。

姜嫄：儿呀——（唱）十八年积压层层怨，今日里将真情话对儿明言。叹只叹我母子命乖运寒，步步险步步难如走泥潭。娘本是帝喾元妃深居宫院，谁料想生弃儿出了事端。那时我回小阳村把亲探，半夜间竟产下肉球一团。连胞衣生下来人言怪诞，腊月天冰封雪飘抛荒原。谁料想地裂天崩肉球绽，儿啼一声石破天惊到人间。冰天雪地儿哭声惨，娘心如同万箭穿。

儿啊——（哭）

幸亏深夜无人见，暗命宫人捡回还。三次被抛我三次捡，应把儿拽离鬼门关。谁知晓回宫去为娘遭贬，还要斩我儿你身首不全。娘拼命抱我儿逃宫脱险，天苍苍地茫茫我该向哪边？经千难历万险小阳回转，腹无食身无力昏倒田垣。怕只怕我儿你被人小看，以我姐姜妹名义把家还。我儿你并非妖孽现，胞衣未破到人间。娘本来帝喾元妃姜嫄女，儿本是帝喾亲生男。莫管旁人瞎指点，堂堂正正站人前！

姬弃：母亲——（扑向母亲）（唱）十八年隐情今了然，儿并非天降肉一团。儿是帝王皇家后，儿是娘的亲生男。娘为儿身心受磨难，孩儿我自愧无力抱慈萱。

第九场

（姜嫄向帝尧述说身世，帝尧认亲，以及冒充巫师的老人的供词都提及了卵生母题）

1. 帝尧：你是何人？如何认得这帝王宝剑？

姜嫄：这！我本是帝喾元妃姜嫄，十八年前产下肉球皇子，太后就是硬逼帝喾抛下帝王宝剑，要将我儿杀坏！

帝尧：啊？元妃娘娘！我是帝喾长子放勋呀！

姜嫄：我母子隐姓埋名十八载呀！想不到十八年后你又前来逼杀我儿！

帝尧：不！小王继位之后，曾寻访娘娘，不期今日相逢，娘娘请上，受皇儿一拜。

2. 甲老：唉，事到如今，我就说明了吧。小老本是当年随娘娘回小阳村探亲的侍从。因帝喾怨我将娘娘产生肉球之事禀知太后，把我赶出王宫。我一则受娘娘之事所累，二则怕娘娘对我怀恨在心，故借事生非，欲置娘娘母子于死地。

尾声

稷王山下。万国诸侯派人前来向后稷学事稼穑。

伴唱：悠悠汾河畔，巍巍天神山，顺天恤民后稷贤，教民稼穑开新篇。播五谷，造耒耜，春种夏管忙不闲。天下诸侯争效仿，五湖四海庆丰年。开他农耕文明史，农祖后稷功配天。

合唱中，表演众人向后稷学习稼穑的舞蹈。众人分捧五谷，簇拥后稷，庆祝丰收。①

上文列举了卵生母题在剧本《农祖后稷》中的出现情况，逐次递进的情节发展彰显了后稷感生神话的变异轨

① 剧本内容参见任国成、张大魁、韩树荆：《农祖后稷》，载于《后稷文化》，2010年第2期，第4～17页。

迹。笔者询问了剧本作者之一的黄建中如何认识与理解后稷感生神话中的卵生母题，黄建中拿出了自己撰写的专著草稿《后稷大传》，列举了第二节的神异诞生部分并阐明自己的观点。他在文中列举了学术界解释后稷被弃的十七种说法并予以评述，认为其中的"不哭说""怪胎说"两种说法比较合理，"根据现实生活中的生育情况分析，可以推测后稷出生时全身为一层肉膜所覆盖，出生后没有像一般婴儿那样啼哭，有点像肉球，和哪吒出生是一种情况，姜嫄以为是个怪胎，只好弃之。这种情况从医学上讲，现在叫'蒙头衣'。孩子出生后，身上为一层肉膜所包裹。古人迷信，认为是怪胎。其实只要撕开这个膜，孩子就出来了。哪吒出生后，他的父亲认为是妖怪，用宝剑挑开后才发现不是妖怪是个孩子。后稷很可能是这种情况，因为《生民》中讲，把后稷扔在冰池上后，有群鸟来临，可能是鸟儿啄破了肉膜，后稷才出来，然后哭了起来。《诗经》原文为，'鸟乃去矣，后稷呱矣。'这时姜嫄一看真是个孩子，不是妖怪，这才赶忙抱回去了。如果真是这种情况，后稷出生时被困于蒙头衣中，好像一个肉球，呼吸困难，不能哭泣，形同假死，都可以讲通了，或许这才是最接近于历史真实的情况"[1]。

黄建中在评述各种说法后，认为怪胎说比较可信，于是将卵生母题纳入了《农祖后稷》的演出剧本。"移位"的卵生母题纳入了当地关于后稷文化的"组织叙述"，构

---

① 根据访谈黄建中的口述资料整理。

成了后稷感生神话在当下传承的另一类"在地化"传说写本。影响该类型传说写本诞生的一个重要因素就是当地政府与应邀专家的话语,"所谓'话语',实际上指的是一些非'实在'而有价值倾向性和权力支配性的说辞,它有'建构'知识和现实的能力。而话语分析就是探讨这些说辞产生之后人们怎样多方面地去理解它、赋予它怎样多重含混的意义,在重重叠叠的言说实践中,又体现出了复杂的社会权力关系和让人意想不到的历史内涵和政治后果,等等"①。无论当地政府与应邀专家的话语正确与否,在这些话语背后所体现出来的价值倾向性和权力支配性促成了《农祖后稷》剧本的诞生与后稷感生神话的又一次变异。因此,"移位"的卵生母题与《农祖后稷》剧本展示出来的是当地政府的话语对当下后稷感生传说传承与变异的重大影响。

---

① 黄兴涛:《"话语"分析与中国近代思想文化史研究》,载于《历史研究》,2007年第2期。

第五章　后稷感生传说的
生活属性与民间记忆

历史人物传说往往会与当地的民间信仰活动联系紧密，后稷传说亦不例外，各地县志中频现的修缮姜嫄、后稷庙宇的文献记录即能证明姜嫄、后稷在当地民间信仰领域的影响力。在具体的祭祀仪式与内容方面，据《雍正武功县后志》载："姜嫄祠每岁春秋二祀羊一豕余笾豆陈设如坛制，后稷祠每岁春秋二祀羊一豕余笾豆陈设如坛制。"① 当下在后稷文化圈，稷山地区有地方文化学者积

---

① ［清］沈华修，崔昭等纂：《雍正武功县后志》，据清雍正十二年（1743）刻本影印，第83页。

极向官方建议恢复举办祭祀后稷的活动①，武功地区的正月十五、十六纪念姜嫄与后稷的庙会，岐山县的三月三娘娘庙会等庙会活动一直在民间持续进行。《岐山县志》关于周公庙会有如下记载：

周公庙会，始于唐代，为典型的求神祈子、焚香还愿的香火会，规模之大，涉及陕、甘、宁、川、晋、豫诸省区。原会期三天，自农历三月十二日至十四日止。与会者每天达数万人，大致分三种类型：一种是求神祈子烧香还愿者；一种是从事商贾、做生意者；一种是游山玩水、凑兴看唱、阅历世面者。会址古卷阿，山清水秀、风和日丽、古木参天、花繁叶茂；润德泉玉液盈溢，逾龙口涌泻成溪；桫椤汗槐尤为庙会增添了风采；玄武玉石神像，更

① 后稷生于稷山，教民稼穑始于稷山，死后葬于稷山。其乃农耕始祖，稷王庙西侧的对联对其作了高度评价："统肇王基功崇平地，源开粒食德大配天。"据传农历四月十七日是后稷的生日，清朝隶人祭祀后稷的活动始终未断。道光年间稷王庙遭火灾，但祭祀的人们依然络绎不绝，搭棚而祭。中华人民共和国成立后此活动再未见到，实为稷人的极大憾事。

就稷山地区而言，一是后稷子孙祭祀稷王责无旁贷，二是稷山原先的三大祭祀活动（正月二十登高祭大佛、三月二十八日上泰山庙祭阎王、四月十七日祭稷王）现仅存正月二十登高祭大佛。三是正逢盛世。文化品位的高低与经济的发展有着不可分割的利害关系，我们稷山的几处文物古迹是相当有价值的，只是规模小，开发晚，宣传差，未能形成大气候。只要我们从现在开始，逐步推广扩大还为时不晚，是会给稷山带来不可估量的好处的。在狠抓经济发展的同时，要狠抓文化品位的开发。

为开好祭祀这个头，建议由县政府、县委宣传部牵头领导，文物局、文化局、文联、作协、农业局、水利局等涉文涉农单位着手筹办，列出祭祀程序，划分具体任务，分头准备。参祭人员由政府规定，祭祀活动除宣读祭文，焚香祭奠外，可请县文艺工作者设计编排一定的文艺演出，街头游行，起到宣传轰动作用。稷王庙内设警卫维持秩序，当日全天免费开放。祭祀活动所需经费由县领导批准财政拨付。群众的自愿捐款归文物局管理，用于庙宇修缮。徐康伟：《关于举办祭祀后稷的建议》，载于《后稷文化》，2009年第2期，第40页。

是会上一颗明珠，赶会者无论男女老少，都乐哈哈上前拍打摸揣。数台大戏争相竞技，正会日（即十三日）晚直唱到天亮，曲艺江湖散列各厢，耍猴的、卖艺的、表演魔术卖药的、看西湖景说书的、摸骨相面测字的星罗密布。各个摊点均被人墙堵得严严实实，凤翔泥老虎历来是会上的热门货，大路小岔、豁口耍险，各种老虎琳琅满目，五光十色，大凡赶会者，莫不争相购买。庙内各神前，明灯蜡烛、钟磬交鸣，香烟缭绕，献供成堆，善男信女投香钱如雪片纷纷落下，念佛诵经声此伏彼起，站在蟾领坡上鸟瞰脚下，简直是人的汪洋大海，波涛鼎沸。举目远眺，几十路人流源源泄来，车水马龙，络绎不绝，场面之壮观，令人忘返。建国后，人民政府为促进物资交流，利用此庙会，推而广之，会期延至 7 天，把一个香火会发展成规模宏大的物资交流会。并从 1962 年起，把古周公庙会址从庙场移至今凤鸣镇举办，原庙会亦同时开放。[①]

后稷感生传说（神话）不仅仅是典籍记载或口头传承的文学作品，其文化因子还积淀并存在于祈子活动等诸多民俗事象之中，构成了后稷传说的行为叙事。例如在周公庙祈子庙会等丰富多彩的民俗活动中，神奇诞生的母题不仅保存在当地信众的民间记忆里，而且发挥着现实效用。

---

① 朱德均主编，岐山县志编纂委员会编：《岐山县志》，西安：陕西人民出版社，1992 年版，第 587 页。

第一节 "攥香头"祈子习俗的
多元记忆与民俗志书写

笔者在岐山县周公庙进行田野调查期间，与周公庙的工作人员论及当地祈子习俗，当地人对周公庙会津津乐道，其中一位周公庙工作人员的口述资料最为详细，笔者将现场访谈的记录呈现如下：

周公庙是祭祀元圣周公的，从创建庙宇开始，周公一直是官方祭祀的主要人物。但是在民间，自从周人女性始祖姜嫄被请进周公庙后，祭祀的主要对象慢慢发生了变化，由周公变为姜嫄，每年春天的祭祀活动也变成了庙会。由于姜嫄履巨人足迹生弃而被奉为"送子娘娘"，所以庙会的实质为祈子。周公庙碑亭内清道光十二年（1832）的《姜嫄圣母感应记》碑文记载："岐之卷阿，旧有姜嫄圣母庙，由来已久，列于祀典，享以少牢。每逢暮春报赛，远近祈嗣者肩摩踵接，求之不得，香火之资数百千计。"周公庙会是陕西关中西部历史最悠久、规模最大的庙会。会期为农历三月初十至十五，庙会的主要内容为祭祀周公、姜嫄等，在庙会期间要举行戏曲演出、民间工艺品销售、小吃经营等活动。当然，对于从四面八方赶来的香客而言，主要是为了祈子或还愿。祈子者均为女性，她们来到姜嫄庙内，焚烧香表，跪拜姜嫄圣母，心中默默祈求姜嫄显灵，保佑其早生贵子，并在内心承诺许愿，如若应验，一定报答圣母。然后讨得纸制童鞋一只，礼馍一个，泥塑童子一个，用红头绳系住，揣入怀中，一路上不得与人说话，否则祈得之子就会跟人而去。回到家中后，将童鞋放在土地堂前，泥童则藏于炕席后边。第二年，如果喜得贵子，那就要在会期还愿。除必备的 12 个泥塑童子和礼馍外，当初给娘娘许的是什么，就要带什么供品。一般为牛、羊等。为了省事，大多人以纸糊牛羊，也有牵真羊的。进了姜嫄殿，将供品一一献上，如是真羊，则将水浇到羊身上，使其打个冷战，表示已经献给娘娘。然后叩拜烧香，感谢圣母送子之意，并再次祈求娘娘保佑孩子健康成长。姜嫄圣母感应的记载在庙内碑石和地方史志中屡见不鲜。直到今天，每年庙会期间，祈子者仍络绎不绝，形成了一种独特的民俗文化现象，并有《祈子歌》历代流传，歌词内容为：七里胡同八里套，转过弯弯周公庙。周公庙，修得高，两口进庙把香烧。娘娘婆，你听着，或儿或女给上个。要给给个做官的，不要叫街打砖的。要给给个坐轿的，不要顺腿尿尿的。[①]

虽然该工作人员讲述了周公庙与姜嫄庙会的盛况，但当笔者问及庙会是否有"攥香头"习俗时，其解释说："攥香头是外人污蔑我们岐山人的说法，不足为信。"另一位地方文化学者也谈到："攥香头一事也许有，但肯定是很遥远的事情了，至少是在中华人民共和国成立前吧，该说法应该是道听途说的成分比较大，因为没有任何文献记

---

① 根据被访谈者本人的要求，匿去真实姓名，因其不知晓主管领导对祈子习俗一事持何种态度。笔者对照访谈资料发现，被访谈者与导游的故事讲述事件类似，重点参考了作家刘宏斌所著《周公与周公庙》中的内容。

载此事。"笔者又随机访谈了几位住在周公庙附近的当地人，有人态度鲜明地提出："这是一句当地恶毒的骂人话，骂人家是杂种的意思，过去到底有没有这样的事呢，不应该相信的。"

当地讲述者将后稷感生神话作为姜嫄充当送子娘娘角色的合理依据，并且借助石刻碑文强调祈子习俗的历史性。大多数当地人认为"撵香头"是一种污名化的说法，即使地方文化学者也采用"中华人民共和国成立前"等模糊说法。由当地人的言论态度可以思考这样一个问题：当地的祈子习俗在当下是如何被当地人记忆的，哪些元素被保留甚至强化，哪些元素则努力被删除？这一切整体性地构成了当地人的集体记忆。在访谈过程中可以发现，历史悠久的周公庙会与"灵验"的姜嫄圣母能给当地人带来区域自豪感，而历史上的"撵香头"习俗却因为沾染了性的色彩而具有了令人不愉快的特征，形成庙会所在地人群担心被地域歧视的焦虑。当"撵香头"这一历史民俗对当下的生活秩序可能产生不利影响时，人们倾向于采用各种手段来进行选择性的记忆。当然，从"撵香头"这一在当下仍然流传的俚语中仍旧可以窥见祈子活动的历史遗迹与影响力，在笔者的田野调查中，东北地区的"拉帮套"与"撵香头"有异曲同工之妙。

后稷传说的 HOUJI CHUANSHUO

多元化叙事与选择性记忆——关中、晋南地区后稷文化的民俗学考察

2005 年，笔者在东北地区调查了"招养夫婚"①这一婚俗现象，当地民俗中将"招养夫婚"称为"拉帮套"。"拉帮套"亦称"拉边套"，本意是指套在驾辕马的前面或侧面帮助拉车的马匹。在我国北方农村，马车一直是农业生产中最主要的运输工具，如果马车运载重物，车把式就会在驾辕马的前面或侧面再套上一匹或两三匹马，帮助拉车。这些马就叫作"拉帮套"或"帮套"。"拉帮套"在当地民俗中是"招养夫婚"的形象俗称。笔者在当地调查后了解到，在日常交往中，提及某某人"拉帮套"是日常交往中的禁忌。笔者在进行"招养夫婚"的民俗调查时，只"闻"其俗，不见"俗"中之"民"。多位访谈对象同样以

---

① 招养夫婚的概念可参见乌丙安、汪玢玲的著作。(1) 招养夫婚是一种一妻多夫的变异形式，这种婚俗法律上无明文规定，在民间却得到了承认。在东北俗称"搭伙"或"拉帮套"。它的特点是已婚女子的本夫患重病不能抚养妻子、儿女或老人，家境十分贫困，只得依靠另招一夫，担负全家生活重担。这种两夫一妻的婚俗，中华人民共和国成立后仍有残留。随着社会的发展变革和经济的繁荣，这种形式随之消逝。参见乌丙安：《中国民俗学》，沈阳：辽宁大学出版社，1999年版，第 256～257 页。(2) 招养夫婚在东北个别地区存在，男多于女，或男子患特殊疾病者，有一女二夫现象，谓之招养夫婚，俗称"拉帮套"，或"招夫养子"。已婚妇女或因子女多，夫妻无力抚养，或因丈夫有特殊疾患，丧失劳动力，或当地男多于女，大多数男子找不到对象，或是贫不能娶的"跑腿子"（单身汉），便和另一家已婚女人有婚姻关系，夜宿其家或女来就宿，劳动收入全部交给女家，帮助女家生活。这类婚姻，两男尚能和平共处，但很痛苦，妇女亦受歧视。参见汪玢玲：《中国婚姻史》，上海：上海人民出版社，2001 年版，第 468 页。(3) 文学作品中的"拉帮套"习俗载录于周立波的长篇小说《暴风骤雨》中，描写了黑龙江省珠河县（中华人民共和国成立后已经和苇河县并为尚志县）元茂屯（原名元宝屯）的农民花永喜在旧社会一贫如洗，是到了结婚年龄还娶不起老婆的穷光棍，计划到有女人的家中去"拉帮套"的情节。小说中对"拉帮套"这一习俗作了诠释，即"解放前，在一些穷人家中，妻子除正式丈夫之外，还有一个或数个非正式的男人。这些非正式的男人就叫做'帮套'或'拉帮套'"。周立波：《暴风骤雨》，北京：人民出版社，1952 年版，第 193 页。

160

"那已经是中华人民共和国成立前的事儿了，现在的人只是听说，说话就是话没有把儿，风没有影儿的"等模糊说法婉言拒绝回答。整个调查过程与调查"撵香头"习俗的过程大致相似，遭遇到几乎不"闻"其俗的访谈困境。

关于"拉帮套"与"撵香头"等"潜在民俗"的田野调查存在一个共同问题，就是不能通过访谈获得一手资料，当地人的回忆不能支撑此类"潜在民俗"①的民俗志书写。近年来，人类学反思民族志的理论思潮和成果促使中国民俗学界对民俗志范式进行了一系列的反思。按照高丙中教授在《写文化与民族志发展的三个时代》（代译序）

---

① "潜在民俗"即记忆中的民俗，王晓葵在《记忆论与民俗学》一文中引用了日本民俗学家樱田胜德的"潜在民俗"概念，认为"所谓潜在民俗，就是保存在人的记忆之中的、失去的外在形态，但是经过记忆的重构，是可以恢复原来形态的"，并列举现实案例提出了"潜在民俗"的民俗志书写途径："民俗学的主要方法之一是民俗志的方法，而传统的民俗志的撰写工作，往往直接对口头传承的访谈记录，但是，在现实生活中，有很多民俗事象随着生活方式的变迁，已经丧失了其存在的外在形态。比如很多地方已经不再使用耕牛，相关的农具也不复存在。但是，这并不意味着这些民俗已经消失。表面上看来，使用耕牛耕田这一生产民俗似乎是不存在了。但是，只要使用过的老农还健在，他们的脑子里还保存着牛耕田的所有细节。如有需要，他们是可以恢复这个民俗事象的。"其还引用日本民俗学者樱井厚的观点进一步提出："现代社会就像刚才举出的现实中已经消失，但是还存在于人们记忆之中的'潜在民俗'，还是大量存在的。这些潜在民俗的很多并非是当事人直接体验的事象，而是他们听到的传闻。因此，新的民俗志的编写，就进入了一个依靠记忆的时代。"（王晓葵：《记忆论与民俗学》，载于《民俗研究》，2004年第1期，第37页）当下中国学者亦有类似于"潜在民俗"的提法，如刘铁梁提出民俗文化有三种保留状态："一是在民众中已经消亡，只存在于文献资料之中的民俗；二是已基本消失，但仍活在人们记忆之中的民俗，或者在当下人们的生活中偶有显现，正在淡出日常生活的民俗；三是当下广大民众传承、享用的活态民俗。"（刘铁梁：《北京民俗文化普查与研究手册》，北京：中央编译出版社，2006年版，第7页）并且在北京门头沟区民族文化志的撰写实践中，提出了"标志性文化统领的民俗志"书写范式，指导田野作业人员重点关注第二种和第三种民俗的留存状态。

中所说的，世界民族志的发展经历了三个时代：自发、随意和业余的第一时代；以马林诺夫斯基《西太平洋的航海者》为标志的"科学性"的第二时代；到以《写文化》为标志的反思"科学性"的第三时代。第三时代是一个多元的时代，民族志在各个方面将变得更开阔。① 当下民俗学界诸多学者借鉴反思民族志的理论思潮和成果来审视只见"俗"不见"人"的传统体例民俗志的弊端，尝试新的民俗志书写范式，以回应民俗学学科的发展要求，多位民俗学家对民俗志范式的转变进行了探索和尝试。例如，董晓萍指出了以搜集和阐释民间文学作品为主的"文本式的田野作业"和带有民族志学术意识的"民族志式的田野调查"的区别，认为民族志式的调查必须处理好学者客体的观念叙事与民众主体的观念叙事之间的关系②；高丙中谈到了有关"实验性的民俗志写作"的问题③；刘铁梁提出了"标志性文化统领式的民俗志"④；黄龙光积极倡导民

---

① 高丙中：《写文化与民族志发展的三个时代》（代译序），参见［美］詹姆斯·克利福德，乔治·E.马库斯：《写文化——民族志的诗学与政治学》，高丙中等译，北京：商务印书馆，2006年版，第7~15页。

② 董晓萍：《民族志式田野作业中的学者观念——对我国现代田野作业中的8种学者著述的分析》，载于《北京师范大学学报》（社会科学版），1998年第6期。

③ 高丙中：《知识分子、民间与一个寺庙博物馆的诞生——对民俗学的学术实践的新探索》，载于《民间文化论坛》，2004年第3期。

④ "所谓标志性文化，是对于一个地方或群体文化的具象概括，一般是从民众生活层面筛选出一个实际存在的体现这个地方文化特征或者反映文化中诸多关系的事象。标志性文化的提出是为了书写地方文化特征的民俗志。"见刘铁梁：《"标志性文化统领式"民俗志的理论与实践》，载于《北京师范大学学报》（社会科学版），2005年第6期，第53~54页。

俗学者在场的"主体串联式民俗志"①。上述学者一致聚焦于民俗志如何反映与呈现文化持有者真实的声音的问题，具有与时俱进的反思性特点。然而，在纷繁复杂的田野调查实践中，时常遭遇到调查"攥香头"这类当地曾有此习俗而不"闻"其俗的访谈困境。

进行"潜在民俗"的民俗志书写的重点是当地文化持有者回忆当地历史民俗，当事人的回忆过程即一个在某种现实认同的情境中，组织、建构和追忆过去的过程，选择性的记忆与遗忘必然充斥其间。笔者采用"一般民俗志"和"作为研究方式的民俗志"②并置的策略，运用整体性民俗志书写方式，将所遇到的讲述者的记忆机制、情境因素、讲述喜好等状况作了细节性介绍；同时罗列了当地人撰写的相关文本资料，描述当地人视野中的"攥香头"习俗。两者的前后罗列并不是机械性的，"作为研究方式的民俗志"的民俗志书写逻辑蕴含其间。笔者将地点聚焦在

---

① 黄龙光：《民俗志范式的反思》，载于《西北第二民族学院学报》（哲学社会科学版），2007 年第 2 期。

② 我们可以把民俗志划分为"一般民俗志"和"作为研究方式的民俗志"两大层次。前者是低层次的民俗志，后者是高层次的民俗志。"一般民俗志"包括传统体例民俗志（为主）和各种有关民俗风情的撰述、札记、新闻报道等。这里的"一般"包含三个方面的含义：其一，这类体例的民俗志只是一般性地记录和描述民间生活文化。它可以是分门别类，也可以是单个记录某个民俗事象，但它不作深描，也不作深度的解释，只是一般性的解释。其二，这类民俗志的作者既可以是民俗学的专业人员，也可以是非专业人员。其三，它的读者对象主要是一般的普通人群，而不是民俗学专业的研究人员。它的目标主要是为了普及俗知识。一般民俗志属于"民俗研究"的成果，但它并不必然构成"民俗学研究"，只有"作为研究方式的民俗志"才构成"民俗学研究"。参见覃琮：《从"一般民俗志"到"作为研究方式的民俗志"》，载于《广西民族研究》，2009 年第 3 期。

周公庙，将"撵香头"这一方言土语作为民俗志书写的关键词，罗列对比当地不同群体对同一个祈子习俗的不同记忆，凸显出不同文本之间的地方感、生活感、秩序感、关系感、整体感等特质。① 笔者将自己搜集文献资料、确定访谈对象、了解该民俗事象的过程一一道来，融合两类民俗志的书写方法，尝试完成此类型"潜在民俗"的民俗志书写。

笔者最早在历史学家赵世瑜的《明清以来妇女的宗教活动、闲暇生活与女性亚文化》一文中了解到陕西地区的祈子习俗。赵世瑜在文中提及了陕西地区由于生子压力而赴女神庙祈嗣的一个较极端的例子："姜嫄庙在陕西省岐山周公庙之处，姜嫄为周始祖弃之母，传说她踩了野外巨人的脚印，感应而孕，故成为神灵送子的典型，并由此担任了送子娘娘的角色。据云来此祈嗣者多为婚后数年不育或其他原因无子女的已婚妇女。她们除焚香默祷、求童鞋、求泥童子并吞服泥童子之生殖器等仪式外，通常还会找一男子同宿，双方不问姓名，天明分手。据说西观山祈子会、凤翔灵山祈子会、宝鸡钓鱼台庙会、临潼骊山娘娘庙会中，均有此'野合'习俗。这种较为极端的例子一方面可以姜嫄传说的神秘性和公认性赋予这种婚外性关系以合法性，另一方面可以成为对某种传统观念的反动，即当男子生育功能障碍而无法有嗣的情况下，在妇女绝无可能

---

① 参见林继富：《我们需要什么样的民俗志》，载于《中国民俗志理论与实践学术研讨会论文集》，中央民族大学文学与新闻传播学院，2010 年 10 月编。

公开与丈夫之外的男性发生关系的情况下，成为解决该问题的可以接受的办法。总之，这种现象表明了无嗣者，特别是妇女面临的沉重社会压力，表明了宗教活动的世俗目的。"[1] 赵世瑜提及的资料来自陕西岐山县地方文化学者刘宏岐、王满全的文章。笔者根据引文查找到了陕西岐山县地方文化学者刘宏岐、王满全所撰写的《周公庙祈子会"野合"现象之透视》[2] 一文，两位地方文化学者在论文中比较详细地描述了周公庙姜嫄祈子庙会的概况，并且介绍了庙会中"攃香头"习俗的来龙去脉，本书将关于"攃香头"习俗的记载择要摘录如下：

> 周公庙祈子会与其他祈子会不同，来此祈嗣的妇女，多是结婚后几年不孕或其他原因无子女的已婚者，在姜嫄殿前祈祷完后，这些妇女大多必须在庙中过夜。周公庙三面环岗，独南敞口，其内北高南低，形似簸箕，庙后蟠岭坡，坡缓林密。庙内三面崖下，有多孔窑洞。这些在庙中过夜的妇女，在庙中找个男子同宿于洞中或岭坡。前来赶会的男子，大都懂得这个风俗，当某一个妇女示意时，如果愿意，两个人一起离开人群，找个窑洞或在坡上林中同宿。有的妇女，因一时找不到男子，在夜幕降临后，手持一柱点燃的香头，在前行走，男子见到光点，明白其意，

---

① 赵世瑜：《明清以来妇女的宗教活动、闲暇生活与女性亚文化》，见郑振满、陈春声：《民间信仰与社会空间》，福州：福建人民出版社，2003年版，第166页。

② 刘宏岐、王满全：《周公庙祈子会"野合"现象之透视》，见高占祥：《论庙会文化》，北京：文化艺术出版社，1992年版，第223~232页。

即追随而去，这种习俗当地人称"攫香头"。如果有一个女子有了一个男子后，熄灭香头，其余的男子就会自动退去。庙会期间也有这种现象，即婆婆陪着儿媳，姑姑带着侄女来祈子者，夜里睡时，长辈会找个年轻的男子同儿媳或侄女同宿。但有一点，男女双方在同宿时，都不通名报姓，尤其妇女，更是守口如瓶。周公庙祈子会中这种带有"野合"性质的祈嗣风俗，据当地人讲由来已久。庙会期间，为了方便男女达到这一目的，在正会日有"天明戏"。这个庙会规模很大，不仅西府各县，甚至陕、甘、川、晋、豫的香客也慕名而来，这种明祈暗合的形式，人人皆知，只是心照不宣罢了。当然，在封建社会，礼教治国，这种习俗是得不到记载的。类似周公庙祈子会带有"野合"性质的祈嗣庙会，在关中一带并不独此一处。与周公庙地理位置同处岐山之阳的岐山与扶风交界处的西观山祈子会，凤翔县的灵山祈子会，宝鸡钓鱼台庙会，临潼骊山娘娘庙会中，均有这一习俗。①

　　两位作者在梳理了民俗志的材料后，概括了"攫香头"习俗的隐匿性、功利性、习俗性、嬉戏性等特点，分析了"野合"祈嗣的思想基础：第一，封建伦理教条的影响；第二，封建教条对妇女的歧视和压迫；第三，养子防老的实用主义影响；第四，宗教迷信思想的影响。这篇发表于 20 世纪 90 年代初期的文章结论部分出现了当下看起

---

①　刘宏岐、王满全：《周公庙祈子会"野合"现象之透视》，见高占祥：《论庙会文化》，北京：文化艺术出版社，1992 年版，第 225 页。

来不合时宜的"宗教迷信思想"等提法，此提法带有时代色彩。每一个人的身体里都具有一种布迪厄意义上的惯习，两位地方文化学者的撰文必然带有整个时代背景的印记。两位作者在文章结尾处还交代了"攒香头"习俗的嬗变情况，认为周公庙祈子会中的"野合"现象是我国古代仲春男女相会之节日和郊禖祭祀的遗存，是人类童年时期一种社会形态的残留。在中国几千年漫长的封建社会中，尤其是在儒家文化的影响下，这种风俗发生了较大的变化，甚至面目全非。但从遗存下来的一些迹象中，我们仍能窥见它的发展变化过程。中华人民共和国成立后，"野合"现象基本绝迹，只剩下向神灵求祈的一套仪式了。①文章对"攒香头"祈子习俗的具体发生与消失时间描述不详，仅能从"封建社会"等词语推测出模糊时间段。

该文章在学术界产生了一定影响，明祈暗合的"攒香头"祈子习俗先后被孙其刚②、陈华文③、赵世瑜等学者引用。两位岐山县当地文化学者的祈子习俗记录以及其他学者的引用，为学界提供了富有区域特色的关于姜嫄民间信仰、后稷感生传说的民俗志资料。当然，因为以上材料没有体现出"攒香头"习俗的生活属性，亦未呈现出清晰的时间感，仍属于传统体例的一般民俗志范畴，依然存在

---

① 刘宏岐、王满全：《周公庙祈子会"野合"现象之透视》，见高占祥：《论庙会文化》，北京：文化艺术出版社，1992年版，第232页。

② 孙其刚：《始祖庙庙会的求育习俗》，载于《中国历史博物馆馆刊》，1995年第2期。

③ 陈华文、朱良、陈淑君：《婚姻习俗与文化》，哈尔滨：黑龙江人民出版社，2004年版。

着见"俗"不见"人"的局限性。

与学者记录的民俗资料相比，笔者发现在《我们村的最后一个地主》这一短篇小说中，"撵香头"习俗被楔入了人物与故事情节的谱系里。在陕西作家冯积岐的笔下，"撵香头"习俗以"再生民俗"的形态出现，"再生民俗的整合是创作者基于审美意图和文艺作品的情感基调或整体视色，以原生形态的民俗事象为原型，进行大胆的强化与改造，经过分解、综合、熔铸与加工，而生成的一种新的民俗事象和创作方式。这种再生民俗事象不仅具有鲜明浓郁的民俗特色与地方风采，标明着文艺民俗的人文时空与社会形态，而且具有一般民俗事象的特殊形式，表现为独特的'个性'风貌，是对生活逻辑性与规律性的大胆突破与合理整合"①。在《我们村的最后一个地主》中，祖父冯巩德在中华人民共和国成立前靠不停歇的劳作与苦涩的汗水换来了一份家业。与这个自律的"老财"相反的是，已婚的长工广顺利用当地"撵香头"习俗去睡别的女人。这一对主仆之间，主人勤俭自律，长工放纵享乐。因为长工违背了传统道德规范，主人自觉承担了道德监护人的责任，失手打破了长工的额头，从而落下了伤疤。这一事件成为中华人民共和国成立后阶级斗争背景下两人关系破裂与祖父遭遇迫害的关键转折。作家冯积岐 1950—1964 年在岐山县周公庙中学读书，1968—1988 年在农村当农民。

---

① 赵德利：《文艺民俗理论与批评》，北京：文化艺术出版社，2007 年版，第 124 页。

其作品的创作、想象的"背靠点"即他进作家协会之前20多年的农民生活以及他独有的生命体验。《我们村的最后一个地主》这一短篇小说以90余岁的祖父的生命史为线索，以祖父与中华人民共和国成立后当了30年村党支部书记的原长工广顺的矛盾为主要内容，深刻批判了阶级斗争背景下权力对人性的扭曲。在小说中，关于"攥香头"习俗是这样描述的：

"攥香头"本来是周公庙庙会上的一桩肃穆而神圣的事情。周公庙的庙会也叫祈子会。那几天，四乡八村的年轻女人们由婆婆姐妹或姨妈姑姑带着前来祈子，她们在姜嫄圣母（人类始祖）殿前给"娘娘婆"烧了香，叩了头，许了愿，晚上，在皎洁的月光下手执一根点燃的香头游走于庙内的稠人广众之中，物色面目俊秀身体强壮的男人。一旦有男人被女人物色中，这女人便擎着香头走动，引诱男人上钩。这男人攥着香头，攥到东庵或西庵的崖畔下。崖畔下有一排不太大的窑洞，窑内早有人铺上了麦草供祈子的女人和她看中的男人野合。男人攥到窑洞前，女人将香插在窑门外的一堆黄土上，表示里面有人。男人跟女人进了窑洞，两个人不问姓名不问籍贯不问年龄，宽衣解带，轻车熟路地在麦草铺上颠鸾倒凤，翻江倒海地干起了男女之事。事毕，女人满心喜悦地出了窑洞回到了亲人跟前，求子的壮举便悄悄完成了。①

---

① 冯积岐：《我们村的最后一个地主》，载于《延河》，2005年第6期，第6～7页。

"撵香头"习俗是被群体默认的"不成文法",属于规约型民俗控制。当地规定了参与"撵香头"活动的人员资格,已婚男人参加"撵香头"是要受到舆论谴责的。在小说里,作者提及祖父对"撵香头"习俗的态度:

在祖父的眼里,只有那些"刺条"和地痞二流子才去"撵香头",正派的庄稼人是不会干那号事的。在祖父看来,"撵香头"和嫖人家的女人是一回事,只不过冠冕堂皇罢了。祖父算是把"撵香头"这件事看透了。人世间的事情是不能看透的,一旦看透,仿佛把人剥了皮,血淋淋的,惨不忍睹。周公庙附近村庄里的年轻人深谙看似肃然而庄重的祈子活动中所包含的浪漫得近乎荒唐的、甜丝丝的内容。每年三月初九逢庙会,他们到庙会上去向女人堆里钻。而那些规规矩矩的小伙子明知"撵香头"就是嫖女人却从不动兴,他们有碍于家规家教有碍于有妻室不说,也不愿意把自己的种子乱撒在陌生女人的田地里去发芽、生根、结果。那些风流成性的年轻人"撵香头"上了瘾,庙会结束之后,不安分守己,在村子里专门物色漂亮女人去嫖,惯上了瞎毛病。祖父担心的就是这个,他怕广顺"撵香头"后不走正道,成为一个职业嫖客。①

小说中还通过广顺的回忆呈现了"撵香头"活动的细节,作家将幽会中男女守口如瓶的语言禁忌进行了想象性的构建。"1962年的周公庙会期间,广顺到了庙会上。他

---

① 冯积岐:《我们村的最后一个地主》,载于《延河》,2005年第6期,第6~7页。

走到了当年和女人们快活过的窑洞前，看着被蒿草蓬住的窑洞口，沉浸在往事的回忆中。1949 年农历三月十三日晚上，和他在这眼窑洞内交欢的女人极其丰满，那女人给他带来了难以言喻的销魂。他们刚一进窑洞，女人就把她的舌头填在他的嘴里了，她几次把他浪在愉悦的巅峰，久久不肯落下来。事毕，她嘤嘤地哭了。广顺以为她后悔了。她却哭着说，我的娃长大后还不知道他的爹姓啥呢？他明白了，她要他的名字。他在她的脸蛋上亲了一口，说：姓驴。女人哧地笑了。他不能犯忌，爬起来就走。如今，人去物非，他未免伤感。"[①]

冯积岐是当地作家，故乡人讲述故乡事，在作品中以"再生民俗"形态呈现了"攥香头"习俗。这与无论是传统体例的一般民俗志还是作为研究范式的民俗志所承载的民俗内涵都不相同，如何理解文学作品中的"再生民俗"？"再生民俗"经过作家情感的过滤，以个体独特的体验和理解呈现出来，其间既有当地民俗生活的客观展示，也有情感化的书写和体验后的理解与解释。"再生民俗"是作家情感表达的一种方式和文学创作的素材，构成了一类文学体式的民俗志，也是外界了解地方民俗的一个起点，对学术研究具有一定的参考与研究价值。

---

① 冯积岐：《我们村的最后一个地主》，载于《延河》，2005 年第 6 期，第 9 页。

第二节　神奇诞生母题与言讳式神奇传闻

　　祈子庙会属于日常生活[①]范畴，"日常生活的最根本宗旨是维持个体的直接生存和再生产，无论是日常消费活动、生殖活动，还是日常交往活动与观念活动，都是围绕着这一功利的或实用的目标"[②]。民众依靠日常生活经验从事日常生活的一般运行与高峰体验，明祈暗合的"撺香头"习俗有着浓重的日常生活经验色彩，属于典型的"借名制"[③]策略，"撺香头"习俗支撑着姜嫄圣母的"灵验"，间接地宣传着送子娘娘的"灵验"效果。"灵验"为周公庙带来了强大的品牌效应，姜嫄圣母成为一个可信赖的品牌，进而又扩大了其本身"灵验"的强度，形成了一个良性循环。在民间信仰范畴内，无论神灵的社会地位高尚或卑微，真正笼络信众的只是该主神的灵验程度。灵验是中国民间信仰的核心概念。如果进一步追问，姜嫄圣母为什么会"灵验"？这则涉及"灵验"是真是假，"灵验"是否具有科学依据等问题，已经超出了人文科学和社会科学的

---

　　① "日常生活是以个人的家庭、天然共同体等直接环境为基本寓所，旨在维持个体生存和再生产的日常消费活动、日常交往活动和日常观念活动的总称，它是一个以重复性思维和重复性实践为基本存在方式，凭借传统、习惯、经验以及血缘和天然情感等文化因素而加以维系的自在的类本质的对象化领域。"参见衣俊卿：《现代化与日常生活批判》，北京：人民出版社，2005 年版，第 31 页。

　　② 衣俊卿：《现代化与日常生活批判》，北京：人民出版社，2005 年版，第 48 页。

　　③ 王志清：《"借名制"：民间信仰在当代的生存策略——烟台营子村关帝庙诞生的民族志》，载于《民俗研究》，2008 年第 1 期。

范畴。宗教的社会科学研究并不承担对信仰本身作证伪检验的责任，社会科学研究可以在另一范畴对与此相关的问题进行解释，该问题就是：信众为什么会认为作为送子娘娘的姜嫄圣母很"灵验"呢？笔者根据多年来对各地民间信仰的调查予以该问题一个共性的回答，如果一直向信众追问其相信神灵灵验的原因，信众要么给出的是"信则有，不信则无""心诚则灵"等模糊解释，要么是笃信神灵灵验而态度坚决地否定所问之事。学界所提及的"迷信""小概率事件""心理安慰"等解释几乎无人提及。

"灵验"作为一种神圣力量是抽象的，但它却体现在具体的关系当中，存在于崇拜对象和个体崇拜者之间，或神像和空间场所之间。例如周公庙就被信众作为姜嫄这一生育神在俗世的居住地，成为建构"灵验"的重要场所，有关庙宇的文献记载或是某种具有影响力的"文字行为"（如石碑等）也都从不同的途径、通过不同的方式为"灵验"添砖加瓦。另外，周公庙每年举办的祈子庙会又是兼具多种功能的农村公共空间。这既是集体性建构和强化"灵验"的场合，同时也为各类社会关系的更新和再生产提供了机会，不断产生着人与人之间的各种交往形式。许愿与还愿的不同群体在同一空间内因为同一诉求而形成了柯林斯所讲的"互动仪式链"①。"灵验"是祈子庙会持续进行的一个内在动力机制,姜嫄圣母的"灵验"吸引信众从四面八方前来赶庙会,信众又从热闹红火的庙会气氛中感受到"灵验"的力量,从而生产和再生产了人—神关系。于是在这个追求灵验的场合中,姜嫄圣母的社会网络不断建构。

从周公庙工作人员的口述资料来看,后稷感生神话在整个姜嫄圣母的社会网络中并未被着重提及,它仅为祈子庙会活动提供了一个相当于原初推动力的由头。后稷感生神话的现实效用在地方文化学者的文章中有所提及,刘宏岐、王满全在《周公庙祈子会"野合"现象之透视》一文的篇首写道:"姜嫄是高辛氏帝喾的元妃,她向郊禖(又称高禖,古时'高'、'郊'音相通)祈嗣时感到了神异而生子,她的孩子自幼聪明绝顶,长大后大有作为,开了一代王朝的先河。后世的人将姜嫄作为祈嗣的对象,希望像她一样,得到一个聪明伶俐有作为的孩子。这样,姜嫄在人们的心目中,成了掌管生育的'送子娘娘'。这一点并不奇怪,历史上,像夏启的母亲涂山氏,商契的母亲简狄均在后世担当了'送子娘娘'的角色。"②

---

① 美国社会学家柯林斯认为,宏观水平现象最终是在个人之间由微观的相遇来创造并维持的。从本质上说,宏观的和长期的社会结构是由他所称的"互动仪式"建立的,这种互动仪式经由时间延伸以复杂的形式组合起来,就形成了"互动仪式链"。参见侯钧生:《西方社会学理论教程》,天津:南开大学出版社,2001年版,第415页。

② 刘宏岐、王满全:《周公庙祈子会"野合"现象之透视》,见高占祥:《论庙会文化》,北京:文化艺术出版社,1992年版,第223页。

　　两位地方文化学者归纳了涂山氏、简狄、姜嫄等女神演变为送子娘娘的类型化模式，并且根据自己的理解解析了信众心理，想象性地解释了后稷感生神话的神异诞生母题。笔者认为此解说并未反映文化持有者真实的声音，属于两位学者的臆测之言。笔者又走访了多位当地居民，他们对后稷感生神话的内容知之甚少，仅能说出大致内容，"日常生活的两条重要规则即是实用原则和经济原则"①，他们有着自己的经验认识，按照是否灵验的标准来评述身边的姜嫄圣母崇拜。访谈资料与学者文章从一个侧面证明了在当下的社会网络中，后稷感生神话已经没有了任何政治神话的光环。

　　笔者从社会网络的角度"嵌入性"②地考察了后稷感生神话的当下存在形态，值得一提的是，我国的神话传说学研究虽然没有采用社会网络等社会学的专业术语，但向来注重神话传说与相关的民族实践行为，这样的传统从先贤杨堃、顾颉刚等人的学术研究中均可发现。当代神话学者田兆元将神话传说与民俗结合，提出了"神话研究的民

　　① 衣俊卿：《现代化与日常生活批判》，北京：人民出版社，2005年版，第48页。
　　② 社会网络研究取向根源于20世纪二三十年代英国人类学家在社区、阶级与亲属的研究中提出的社会网络的观点，"社会网络"这一概念是由英国著名人类学家拉德克里夫－布朗（1881—1955）在这一时期提出来的。在20世纪80年代，美国社会学家格拉诺维特于1985年在《美国社会科学杂志》上发表了一篇论文，题目叫《经济行动和社会结构：嵌入性问题》，明确地将"嵌入性"同社会网络的研究结合起来。他认为经济行为嵌入社会结构，而社会结构的核心就是人们在日常互动中形成的社会关系网络。我国社会学者翟学伟通过对"嵌入性"概念的历史性回顾，发现所谓的嵌入性即"指一种社会行为的发生需要同一种社会背景、价值、脉络相配合，而不应把它看成一个可以独立运行的要素"。

俗学路径"，认为神话集叙述与行为于一体，是一个由多层面构成的神圣叙事体系，除了重视口头书写与书面的语言形式、图像等物态形式之外，也要注重对民俗仪式行为的叙述考察。① 这一学术取向倡导关注神话传说的完整复合形态。在后稷文化研究领域，曹书杰在《后稷传说与稷祀文化》中的稷祀文化研究部分探讨了后稷文化的社会网络内容，对稷祀文化的现实起源、形态以及演变等问题逐项展开论述，从中探寻出稷祀文化是从单一对稷——谷物的自然崇拜，演变为以后稷为始祖的祖先崇拜，直到形成泛国家的保护神崇拜，并对稷祀文化的诸多变异形式逐一进行论证，完成了后稷传说的复合形态研究。

历史上的稷祀盛况在当下的岐山县演变为姜嫄圣母崇拜的民间信仰活动②，后稷感生神话契合了传统民俗生活中祈子民俗的情感基调，"神异诞生"的母题促使当地人产生了"有民俗内涵的联想"。后稷感生神话所蕴含的原

---

① 参见田兆元：《神话的构成系统与民俗行为叙事》，载于《湖北民族学院学报》（哲学社会科学版），2011年第6期。

② 关于姜嫄演变为送子娘娘的现实成因，笔者在论述周公庙碑刻民俗志时有所阐释，此处不再赘述。

始思维仍然在灵验故事①中延续，例如祈子仪式中的语言禁忌事象以"神奇传闻"②的形式传承传播，武功地区亦有此俗："每年正月十五、十六两日是城区群众盛大纪念后稷和姜嫄圣母的活动日，各街巷村舍都要鸣锣击鼓争先进香献爵。高跷、社火、秧歌、竹马、彩车、戏曲等昼夜助兴，人山人海高歌欢舞庆祝姜嫄后稷带给人们昊天罔极之幸福。一些妙龄少女总爱攀折一小枝柏叶插戴头鬘以求吉祥幸福。有的少妇为了早生贵子托福姜嫄神灵便偷食贡案上的献果，说是偷食其实是明拿，讲究不言不语地吃，忌讳打招呼取食或者赠送果食，否则就不灵验了。祠院内外是热闹非凡的文化娱乐活动；神龛前却是一些人不断地送献果，一些人一个接一个地偷食，真是别有一番民俗文

---

① 所谓"灵验故事"，有学者称之为"巫术的当代神话"（参见［英］马林诺夫斯基：《巫术、科学宗教与神话》，李安宅译，北京：中国民间文艺出版社，1998年版，第71页），"活的传说"（参见［英］马林诺夫斯基，《文化论》，费孝通等译，北京：中国民间文艺出版社，1987年版，第72页），"现代的神话"（参见李亦园：《人类的视野》，上海：上海文艺出版社，1996年版，第32页），"神奇的传闻"（参见安德明：《天人之际的非常对话》，北京：中国社会科学出版社，2003年版，第208页），"关于神的故事"［参见杨旭东、赵月梅：《灵验故事：民间信仰研究的另一个视角》，载于《重庆文理学院学报》（社会科学版），2010年第5期］。

② "这类故事，所讲述的内容，并不一定具有很强的故事性，但都是有着强烈现实色彩的事件：事件的主人公或发生地点，都是现实中存在的，并且往往是讲述者及听者经常接触和熟知的；事件则大多是作为主人公的现实生活中'那一个'或'那一群'确定的人所亲身经历，或者，至少是其亲眼所见。"安德明：《天人之际的非常对话》，北京：中国社会科学出版社，2003年版，第208页。

化情趣。"①

　　为什么在祈子许愿仪式中要恪守不说话的禁忌呢？这就需要了解人们是如何认识禁忌与禁忌物的。禁忌在民俗学、宗教学中是一个不容忽视的话题，"禁忌"一词在国际学术界统称为"塔布"，源于中太平洋波利尼西亚群岛土语，音译为"Taboo"或"Tabu"，我国也音译为"塔布"，现在已经成为人类学、民俗学通用的词语。英国的詹姆斯·乔治·弗雷泽在著名的《金枝》一书中谈到禁忌的原则时说："如果某种特定行为的后果对他将是不愉快的和危险的，他就自然要很小心地不要那样行动，以免承受这种后果。换言之，他不去做那类根据他对因果关系的错误理解而错误地相信会带来灾害的事情。简言之，他使自己服从于禁忌。这样，禁忌就成了应用巫术中的消极作用。积极的巫术说或法术说：'这样做就会发生什么什么事'；而消极的巫术或禁忌则说：'别这样做，以免发生什么什么事'。"② 精神分析学说的创始人西格蒙德·弗洛伊德从禁忌的对象分析："塔布（Taboo），就我们看来，它

---

　　① 黄权中：《武功觅古揽胜》，西安：陕西师范大学出版社，2005年版，第19页。稷山也有语言禁忌的说法，参见曹书杰：《后稷传说与稷祀文化》，北京：社会科学文献出版社，2006年版，第401页。稷山下的稷山县原名"高凉县"，隋开皇十八年（598），因为稷王山祭祀后稷的活动日盛，遂以山名作为县名。古时的稷王山是稷山县的八景之一，名曰"稷峰叠翠"。这说明，稷王山作为一方名胜，古时曾是森林繁茂的幽静胜地。稷王山有一种明亮发光的玉质石子，大小形状或像麦粒，或如黍稷、谷子、玉米，或类芝麻、豆粒、南瓜子，不知从何时起，它们被当地人称为"五谷石"。据说在稷王山采拾"五谷石"时不能说话，否则终日将一粒无获。这无疑更增加了稷王山作为中国谷物神后稷诞生之地的神圣性。

　　② ［英］詹姆斯·乔治·弗雷泽：《金枝》（上册），北京：中国民间文艺出版社，1987年版，第31页。

代表了两种不同方面的意义。首先是'崇高的''神圣的',另一方面,则是'神秘的''危险的''禁止的''不洁的'。"① 这种观点已为我国学者所普遍接受,并奉之为金科玉律。几乎所有关于禁忌的著作都对弗雷泽和弗洛伊德的观点作了大同小异的转述。到了 20 世纪中叶,西方象征人类学家玛丽·道格拉斯(Mary Douglas)研究了《利未记》中有关禁止食用的动物清单,揭示了不同文化体系的分类范畴中处于模棱两可的动物便是不洁的禁忌的文化现象;属于禁忌范围的物体都是带有两义性的,因而无法明确归类。她在这种"两义性=禁忌"的基础上向前深入了一步,力图考察人类分类体系与社会秩序的关系。所禁忌之物并非在于它们本身是污秽的或圣洁的,而在于它们的"位置"。它们是人类混淆了采取分类体系的结果,也就是说禁忌物是社会分类系统的产物,而分类活动又是使社会秩序合法化的主要途径,不仅加强了社会实在的结构,而且加强了道德情感的结构。② 把禁忌物纳入分类体系的做法,是禁忌文化研究的一大突破。参照以上学者的理论,祈子仪式中祈子者所讨的纸制童鞋、礼馍、泥塑童子、瓜果等物因其所处位置而必然具有了神圣性和神秘性。

<hr>

① [奥]弗洛伊德:《图腾与禁忌》,杨庸一译,北京:中国民间文艺出版社,1986 年版,第 31 页。
② 参见[英]玛丽·道格拉斯:《〈利未记〉的憎恶》,见玛丽·道格拉斯:《洁净与危险——对污染和禁忌观念的分析》,北京:商务印书馆,2018 年版,第 51~70 页。

关于禁忌物的效用，正如德国文化哲学大师恩斯特·卡西尔所说的：“变成禁忌物的危险是一种物理的危险，它完全超出了我们道德力量能达到的范围。不管是无意的行为还是有意的行为，其效果是完全一样的。禁忌的影响完全与人无关，并且是以一种纯被动的方式传播的。一般说来，一个禁忌物的意思是指某种碰不得的东西，是指一个不可轻率接近的东西，至于接近它的意图或方式则是不考虑的。”① 在现实生活中，禁忌属于一种心意民俗，祈子者小心翼翼遵守禁忌的主要原因是守禁者按巫术思维行事，如李安宅所言：“积极的巫术是所以产生所欲求的事，消极的巫术或禁忌是所以预防所不如意的事。然这两种结果，如意的和不如意的，都以为是根据相似律和接触律而招致的。”②

此类言讳式神奇传闻没有具体的叙事情节，陈述的是一个“事实”，从现代的科学眼光来看是将并无直接联系的解释联系起来，使得两种在科学意义上互不牵涉的事件，通过设禁与违禁的情节设置而具有了因果关系。参与庙会祈子的信众往往多是因生理原因而不孕不育者，祈祷受孕生子成功本身就是小概率事件，此类传闻就对信众与周公庙周围环境之间的既有关系、姜嫄圣母的灵验效果等起着重要的解释说明乃至维护和巩固其合理性的作用，并

① ［德］卡西尔：《人论》，甘阳译，上海：上海译文出版社，1985年版，第136～137页。

② 李安宅编译：《巫术与语言》，上海：上海文艺出版社（影印本），1988年版，第16页。

作为实用的地方性知识，直接指导着人们的现实生活，促使祈子者恪守禁忌。于是无论是在周公庙姜嫄殿，还是在武功镇姜嫄庙会，许愿女子取到供品之后就要严格恪守不与其他人说话的语言禁忌，小心翼翼地进入言讳式的情境，营造了避免祸从口出的神秘氛围，"所谓氛围，可以看作是时间、环境、人的行为与情感或情绪的总和，是个体对其所处环境的感受，也是这一环境对于个人心理所施加的影响。在任何一种时空中，只要有人出现，便都会呈现出一种氛围。每一个人，在每时每刻都是生活在一种氛围当中，并且受到它的影响。一般来说，除了因个人情绪变化等而可能造成的例外，相同文化背景或共同生活环境下的人们，对于一种氛围的感受是基本相同的。不过，对个体而言，不同氛围的影响又有强弱之分。这种分别，是由每一种时空本身的特点、这种时空中人的行动、个体的情绪等诸因素之不同而决定的。当个体的情绪激烈之时，当个体所处时空中的某种事件或状态持续时间较长时，或者当某一事件的发生比较激烈、规模较大、影响范围较广时，氛围的作用都会比较强烈地显现出来。在相反情况下，它的影响则比较弱小，甚至不易觉察"[1]。从周公庙祈子庙会的情况来看，祈子活动仪式中的庄重氛围往往会对参加者的心理和行动产生巨大的影响，从而为信仰活动目的的达成奠定重要的思想基础。而这种特殊氛围的形成

---

[1] 安德明：《神奇传闻：事件与功能》，载于《西北民族研究》，2006 年第 2期。

是多种因素共同作用的结果，其中，作为禁忌型民俗控制①的语言禁忌起到了一定影响。言讳式神奇传闻形成的主要原因是民间信仰的影响，"在民间信仰中不仅包含着广大民众的道德价值观（如'善有善报''行好'）、解释体系（看香与香谱、扶乩、风水判断、神判、解签等）、生活逻辑（生活节奏、与超自然存在建立拟制的亲属关系、馈赠与互惠、许愿和还愿、庙会轮值与地域社会的构成等），还深深地蕴含着他们对人生幸福的追求、对社会秩序的期待以及可以使他们感到安心的乡土的宇宙观"②。由此可见，围绕祈子成功与否的言讳式神奇传闻包含着积极的精神治疗价值或慰藉作用，对祈子未成功而笃信民间信仰的某些信徒而言，其具有缓解精神压力的积极意义。

若真有祈子者以"撑香头"为现实支撑而求子成功，言讳式神奇传闻则成为其"心诚则灵"的最好说辞，成为检验姜嫄圣母灵验的实证。但实际上，笔者在多年的民间信仰现象调查中发现，在所谓灵验的神灵面前，也有大量反例存在，疾病没有痊愈、祈求并未如愿等事件经常发生。按常理推断，这种反例的普遍存在会有损神灵的威望，并降低民众对其的信仰。但事实上，这样的局面并未

---

① "禁忌类民俗控制与其他民俗控制类型有重要区别。它不具备隐喻型的引证援例的引导说教或形象感染；不具备对行为过程的监测管理；不表现为直接具体的奖励和惩罚；不是群体社会确立的'法'的规约；没有表现出必须经受的各种严厉的裁判。它往往具有较强的带有神秘色彩的禁令性指示，同时产生有威慑力的对于违禁后果的暗示，从而有效制约人们的行为。"乌丙安：《民俗学原理》，沈阳：辽宁教育出版社，2001年版，第207页。
② 周星：《"民俗宗教"与国家的宗教政策》，载于《开放时代》，2006年第4期。

出现，周公庙祈子庙会依然继续发展，香火依旧旺盛，其中缘由应该结合言讳式神奇传闻的"信息过滤机制"进行剖析，如有祈子者求子成功，他会积极宣传姜嫄圣母的灵验效果，许愿时奉献 12 倍于当初所讨供品，为祈子仪式的持续进行提供充足的物质保障，使"互动仪式链"完整延续。如果祈子未能如愿，对虔诚的祈子者而言，往往会将失败原因归结为自身"心不诚"或存在违犯禁忌的行为，言讳式神奇传闻成为解释送子娘娘未"显灵"的重要原因之一，继而又会起到进一步强化信仰的合理性以及信仰力量的"真实性""灵验性"等作用。带有原始思维的神奇传闻与民间信仰之间的互动互助是当地姜嫄圣母崇拜几百年来传承不衰的内在规律性的体现，因为"围绕着坚定的信仰观念，每一种宗教信仰中，都形成了一套自成系统的逻辑体系。它把一切问题都纳入到了这一体系之中，予以了合理化的解释。尽管按照现代科学的立场来看，这种解释的前提可能是不成立的，但在信仰所流行的社会里，它却十分自然、十分合理地解决了现实中的各种困扰和迷惑"①。

言讳式神奇传闻的讲述与传播使当地的姜嫄圣母崇拜总是处在一种诠释、劝解信众的状态中，不断建构着姜嫄圣母作为送子娘娘的灵验。言讳式神奇传闻是一种反馈叙事，在新老信众之间完成对送子娘娘灵验与否的反馈，在

---

① 安德明：《神奇传闻：事件与功能》，载于《西北民族研究》，2006 年第 2 期。

不同信众群体之间形成一种实际效果的反馈机制，这种反馈可能产生两个影响：一是增加了姜嫄圣母作为送子娘娘的神秘性；二是为送子娘娘的灵验与否设置了制约条件，说明祈子活动的风险性。后稷感生神话中的神异诞生母题、言讳式神奇传闻、不同层次的信众等多种因素共同建构了彼此影响与制约的社会网络，合力促使姜嫄圣母信仰生生不息地传承。

结　语　后稷传说异文的历史记忆价值与心态史意义

　　民俗学的传说学研究一般从传说的现实形态入手，重视其中的传承过程和动力，辨析哪部分被传承、哪部分被抛弃、为什么如此、如何运作等问题。例如旅游情境中导游的讲述策略及其参考的传说写本、蕴含地理专名与家园情感的后稷风物传说、武功地区"加注性"的后稷传说讲述策略、《农祖后稷》剧本及其中"移位"的卵生母题、祈子习俗中隐含了神话思维的言讳式神奇传闻等，后稷传说的内容、形式、功能和意义等往往植根于由当地文化所限定的各种语境之中，由当地文化持有者根据自己的需要重新塑造，始终处于不断变迁和重建的动态过程之中，从山西、陕西两地后稷地望之争的现象中可以发现，"历史的叙述有时是当代话语的一部分，其处理的则是现在的关系"①。后稷传说的传承形态可以称为"不断变动着的现

---

　　① 庄孔韶：《文化与性灵——新知片语》，武汉：湖北教育出版社，2001 年版，第 33 页。

实民俗"①。

　　历史上关于后稷感生传说的解释纷繁复杂，曹书杰将此争鸣现象概括为"主观真实与历史真实"之辨。本书所列的诸多后稷传说事象都是笔者通过田野调查获得的传说写本与口述资料。笔者秉持聆听文化持有者真实声音的学理追求，努力达成理解他者对自己文化理解的调查效果，将调查所得的传说写本与口述资料进行分析概括后发现，当下后稷传说依旧在"主观真实与历史真实"构成的话语网络中变异与传承，只是存在着不同区域、不同群体选择"历史人物的传说化"或"传说人物的历史化"②的叙事模式的区别。关于传说变异性的规律，陈泳超根据尧舜传说的研究实践提出了传说动力学的理论观点："所谓的传说动力学，是指在一个具体的文化场景中去考察传说的变异过程，并暂时忽略无目的、自发的变异情形，比如口传心授的记忆差别之类，而专注于那些具有明显动机的变异过程。也就是说，某一传说之所以被这样讲而不是那样讲，其中包含着讲述者可被观测的实际目的，是讲述者自觉推动了该传说的变异。"③从传说动力学的视角探讨后稷传说存在与变异的动力机制，可以发现在社会发展的不同时期与后稷文化圈的不同地域，后稷传说从内容到体裁，始

---

　　① 杨利慧：《神话的重建——以〈九歌〉、〈风帝国〉和〈哪吒传奇〉为例》，载于《民族艺术》，2006 年第 4 期。

　　② 张勃：《历史人物的传说化与传说人物的历史化——从介子推传说谈起》，载于《民间文化论坛》，2005 年第 2 期。

　　③ 陈泳超：《民间传说演变的动力学机制——以洪洞县"接姑姑迎娘娘"文化圈内传说为中心》，载于《文史哲》，2010 年第 5 期。

终在"主观真实与历史真实"的框架中不断调适，例如
《武功县志》所辑录的明清时期的文献就对后稷感生传说
的"三弃三收"情节进行了删减。时至当下，各方主体多
从不同角度诠释后稷传说，当用后稷传说体现情感诉求
时，凸显家园情感的风物传说与蕴含神奇诞生母题的祈子
习俗就会变异衍生出来，达成"信以为真"的效果；当将
后稷传说作为文化资源标榜地区文化品牌时，具有科学实
证特点的地理专名与卵生母题就会参与传说写本的创作与
讲述，增强宣传效果。后稷传说每一个细节的变异都不是
无意识的自然变化，当下后稷传说的写本创作与讲述是一
种社会建构，后稷传说变异的动力系统对应着丰富的现实
利益诉求，例如地方文化学者努力将其编创为区域文化共
享资源，旅游情境中的导游讲述事件将其作为工作标
识等。

后稷传说自身还拥有独特的历史记忆价值与心态史意
义。关于传说与历史的关系，顾颉刚曾言："传说与历史
打混，最是讨厌的事。从前的人因为没有分别的历史和传
说观念，所以永远缠绕不清，不是硬拼（杞梁妻与孟姜为
一），便是硬分（杞梁妻与孟姜为二）。现在我们的眼光变
了，要用历史的眼光去看历史（杞梁妻的确实的事实），
用传说的眼光去看传说（杞梁妻变为孟姜），那么，他们
就可以'并行不悖'，用不着我们的委屈迁就，也用不着

我们的强为安排了。"① 笔者认为顾颉刚仅从文字文本研究的角度提出的观点，并不能涵盖实际社会生活中传说与历史的有机联系。万建中提出："传说不需要历史的真实，但又脱离不了历史，正因为传说获得了某种历史的根据，才使得其中的故事情节显得真实可信；又因为传说不是历史本身，才使得其中的人物和事件更典型化，增强了传说的艺术感染力，融入了民众强烈的爱憎和良好的愿望。这正是传说和历史的辩证关系。"② 笔者在田野实践中亦发现，在包括地方文化学者在内的民众生活世界中，传说与历史并无严格区分，二者共同充当了当地文化持有者的历史记忆，"传说、历史、历史记忆，这三个概念在表面上是由一系列个案构成的知识组合，而在这背后，历史学、民俗学、人类学的知识、方法、概念和理论，后现代的思考，都可合而为一。在这个层面上，这些东西变成了不可能不涉及的因素。因为无论是历史还是传说，它们的本质都是历史记忆"③。当下后稷传说就是当地文化持有者历史记忆的一种表达方式，对比《诗经》《史记》等文献，传说写本充满了时空错置与幻想虚构。然而，"这类传说产生和流传的过程恰恰是一个历史事实，就是说人们为什么去创造这个东西，究竟是什么人创作出来的，传说是怎

---

① 顾颉刚：《孟姜女故事研究集》，上海：上海古籍出版社，1984年版，第247页。

② 万建中：《民间文学引论》，北京：北京大学出版社，2006年版，第175页。

③ 赵世瑜：《小历史与大历史：区域社会史的理念、方法与实践》，北京：生活·读书·新知三联书店，2006年版，第73页。

样出笼并且流传至今的，这些是实实在在的历史问题，即传说的历史动因以及后人对传说的历史记忆"[①]。关注当下后稷传说写本的知识生产过程，可以从后稷传说的变异特征理解当地文化持有者的历史记忆。

以往的后稷传说研究多关注传说内容的文献归纳及其象征意义。受福柯"知识考古学"等后现代主义思潮的影响，当下传说学研究从对史料关注的什么是真与假的问题转移到它为什么是真假的问题上，更关注史料的建构过程。作为当地文化持有者的一种集体记忆，后稷传说虽不能等同于历史事实，但同样可以纳入后现代史学的视野，即使传说写本具有明显的虚构特征，也可以从写本的制作、使用过程中洞察区域文化的运作规律和区域历史建构的"真相"。

将后稷传说视为当地文化持有者的"历史记忆"，有可能达到对后稷文化圈整个区域发展历史的"真理解"，正如陈春声所说的："乡村社会研究者的学术责任，不在于指出传说中'事实'的对错，而是要通过对百姓的历史记忆的解读，了解这些记忆所反映的现实的社会关系，是如何在很长的历史过程中积淀和形成的。正是在这个意义上，我们相信'上述资料'和本地人的记述，有助于我们更深刻地理解乡村历史的'事实'或内在脉络。"[②] 将作

[①]　万建中：《民间文学引论》，北京：北京大学出版社，2006 年版，第 179 页。

[②]　陈春声、陈树良：《乡村故事与社区历史的建构——以东凤村陈氏为例兼论传统乡村社会的"历史记忆"》，载于《历史研究》，2003 年第 5 期。

为历史记忆的后稷传说置于后稷文化圈中，分析这种记忆蕴含的有关历史背景以及当下的社会情境。虽然后稷感生传说、后稷风物传说、《农祖后稷》的蒲剧剧本等传说写本的具体情节和内容细节都是虚构的，但写本所表现的社会情境与创作者的心态观念却是真实的。在"主观真实与历史真实"框架中，当地文化持有者的历史记忆被亦真亦幻地建构起来。

从历史人类学的视角来看，"人类学一向比社会学者和历史学者对于历史意义的重要性更为敏感。和'什么事实际上发生过'同样重要的，是'人们以为发生过什么样的事'，以及人们视它有多么重要的"①。就当下后稷传说研究而言，传说研究并不是揭示传说与历史的差距，而在于解释当地文化持有者的心态史。在这个意义上，心态史的建构过程亦是后稷传说异文诞生的过程，而这一过程把历史与现实勾连起来，对学术研究具有重要的意义。

---

① ［美］西佛曼、格里福：《走进历史田野——历史人类学的爱尔兰个案研究》，贾士蘅译，台北麦田出版股份有限公司，1999年版，第386页。

参考文献

一、中文译著

M. 道格拉斯. 《利未记》的憎恶 [M] //20 世纪西方宗教人类学文选. 刘澎，译. 上海：上海三联书店，1995.

阿兰·邓迪斯. 西方神话学论文选 [M]. 朝戈金，等译. 上海：文艺出版社，1994.

阿兰·邓迪斯. 西方神话学读本 [M]. 朝戈金，等译. 桂林：广西师范大学出版社，2006.

本尼迪克特. 文化模式 [M]. 杭州：浙江人民出版社，1987.

弗洛伊德. 图腾与禁忌 [M]. 杨庸一，译. 北京：中国民间文艺出版社，1986.

卡西尔. 人论 [M]. 甘阳，译. 上海：上海译文出版社，1985.

克里普克. 命名与必然性 [M]. 梅文，译. 上海：上海译文出版社，2001.

李福清. 古典小说与传说 [M]. 北京：中华书

局，2003.

列维·斯特劳斯. 结构人类学［M］. 陆晓禾，黄锡光，等译. 北京：文化艺术出版社，1989.

柳田国男. 传说论［M］. 连湘，译. 北京：民间文艺出版社，1985.

罗素. 我的哲学的发展［M］. 温锡增，译. 北京：商务印书馆，1982.

马克思恩格斯选集：第 2 卷［M］. 北京：人民出版社，1972.

马林诺夫斯基. 文化论［M］. 费孝通，等译. 北京：中国民间文艺出版社，1987.

马林诺夫斯基. 巫术宗教神话与科学［M］. 李安宅，译. 北京：中国民间文艺出版社，1998.

美斯蒂·汤普森. 世界民间故事分类学［M］. 上海：上海文艺出版社，1991.

皮埃尔·布迪厄，华康德. 实践与反思：反思社会学导引［M］. 李猛，李康，译. 北京：中央编译出版社，2004.

西佛曼，格里福. 走进历史田野——历史人类学的爱尔兰个案研究［M］. 贾士蘅，译. 台北：麦田出版股份有限公司，1999.

约瑟夫·坎贝尔. 千面英雄［M］. 张承谟，译. 上海：上海文艺出版社，2000.

詹姆斯·乔治·弗雷泽. 金枝［M］. 北京：中国民间文艺出版社，1987.

詹姆斯·克利福德，乔治·E.马库斯．写文化——民族志的诗学与政治学［M］．北京：商务印书馆，2006.

二、中文专著

安德明．天人之际的非常对话［M］．北京：中国社会科学出版社，2003.

安德明．重返故园——一个民俗学者的家乡历程［M］．南宁：广西人民出版社，2004.

曹书杰．后稷传说与稷祀文化［M］．北京：社会科学文献出版社，2006.

朝戈金．口传史诗诗学：冉皮勒《江格尔》程序句法研究［M］．南宁：广西人民出版社，2000.

陈华文，朱良，陈淑君．婚姻习俗与文化［M］．哈尔滨：黑龙江人民出版社，2004.

陈建宪．神祇与英雄：中国古代神话的母题［M］．北京：生活·读书·新知三联书店，1994.

陈勤建．文艺民俗学［M］．上海：上海文艺出版社，1991.

董晓萍．民俗学导游［M］．北京：中国工人出版社，1995.

高丙中．民俗文化与民俗生活［M］．北京：中国社会科学出版社，1994.

高占祥．论庙会文化［M］．北京：文化艺术出版社，1992.

顾颉刚．孟姜女古史研究集［M］．上海：上海古籍出版社，1984.

郭周礼. 周文化与周公庙 ［M］. 西安：陕西旅游出版社，2003.

侯钧生. 西方社会学理论教程 ［M］. 天津：南开大学出版社，2001.

黄权中. 武功觅古揽胜 ［M］. 西安：陕西师范大学出版社，2005.

江帆. 民间口承叙事论 ［M］. 哈尔滨：黑龙江人民出版社，2003.

江帆. 生态民俗学 ［M］. 哈尔滨：黑龙江人民出版社，2003.

金东勋. 朝汉民间故事比较研究 ［M］. 沈阳：辽宁民族出版社，2001.

李安宅. 巫术与语言 ［M］. 上海：上海文艺出版社，1988.

李扬. 西方民俗学译论集 ［M］. 青岛：中国海洋大学出版社，2003.

李亦园. 人类的视野 ［M］. 上海：上海文艺出版社，1996.

林继富. 民间叙事传统与故事传承 ［M］. 北京：中国社会科学出版社，2007.

刘宏斌. 周公与周公庙 ［M］. 西安：三秦出版社，2005.

刘守华. 中国民间故类型研究 ［M］. 武汉：华中师范大学出版社，2002.

刘铁梁. 北京民俗文化普查与研究手册 [M]. 北京：中央编译出版社，2006.

吕微，安德明. 民间叙事多样性 [M]. 北京：学苑出版社，2006.

孟慧英. 西方民俗学史 [M]. 北京：中国社会科学出版社，2006.

申海林，武功县志编纂委员会. 武功县志 [M]. 西安：陕西人民出版社，2001.

申海林，武功县志编纂委员会. 武功县志 [M]. 西安：陕西人民出版社，2001.

童庆炳. 文学理论教程 [M]. 北京：高等教育出版社，1992.

万建中. 20 世纪中国民间故事故事研究史 [M]. 北京：北京师范大学出版社，2011.

万建中. 民间文学引论 [M]. 北京：北京大学出版社，2006.

汪玢玲. 中国婚姻史 [M]. 上海：上海人民出版社，2001.

王杰文. 仪式、歌舞与文化展演——陕北、晋西的"伞头秧歌"研究 [M]. 北京：中国传媒大学出版社，2006.

乌丙安. 民俗学原理 [M]. 沈阳：辽宁教育出版社，2001.

巫瑞书. 中国民间传说论集 [M]. 北京：中国民间文艺出版社，1986.

徐钰．口承故事论［M］．北京：北京师范大学出版社，1999.

杨利慧．现代口承神话的民族志研究——以四个汉族社区为个案［M］．西安：陕西师范大学出版总社有限公司，2011.

叶春生．典藏民俗学丛书（上）［M］．哈尔滨：黑龙江人民出版社，2004.

叶舒宪．文化与文本［M］．北京：中央编译出版社，1998.

衣俊卿．现代化与日常生活批判［M］．北京：人民出版社，2005.

翟学伟．中国社会的日常权威［M］．北京：社会科学文献出版社，2004.

翟学伟．中国社会中的日常权威——关系与权利的历史社会学研究［M］．北京：社会科学文献出版社，2004.

赵材．协调与超越——中国思维方式探讨［M］．武汉：武汉大学出版社，2005.

赵德利．文艺民俗理论与批评［M］．北京：文化艺术出版社，2007.

赵世瑜．小历史与大历史：区域社会史的理念、方法与实践［M］．北京：生活·读书·新知三联书店，2006.

赵廷瑞，马理，吕柟．陕西通志［M］．西安：三秦出版社，2006.

郑振满，陈春声．民间信仰与社会空间［M］．福州：福建人民出版社，2003.

钟敬文. 民间文学概论 [M]. 上海：上海文艺出版社，1981.

钟敬文. 民间文艺谈薮 [M]. 长沙：湖南人民出版社，1981.

钟敬文. 钟敬文文集 [M]. 合肥：安徽教育出版社，2002.

周立波. 暴风骤雨 [M]. 北京：人民出版社，1977.

朱德均，岐山县志编纂委员会. 岐山县志 [M]. 太原：山西人民出版社，1992.

庄孔韶. 文化与灵性——新知片语 [M]. 武汉：湖北教育出版社，2001.

三、学术论文

巴莫曲布嫫. 叙事语境与演述场域——以诺苏彝族的口头论辩和史诗传统为例 [J]. 文学评论，2004（1）.

曹书杰，王志清. 后稷感生传说的文化内涵解析 [J]. 民俗研究，2011（2）.

陈春生，陈树良. 乡村故事与社区历史的建构——以东凤村陈氏为例兼论传统社会的"历史记忆" [J]. 历史研究，2003（5）.

陈泳超. "写本"与传说研究范式的变换——杜德桥《妙善传说》述评 [J]. 民族文学研究，2011（5）.

陈泳超. 民间传说演变的动力学机制——以洪洞县"接姑姑迎娘娘"文化圈内传说为中心 [J]. 文史哲，2010（2）.

陈泳超. 民间故事的记录史与生命史 [N]. 中国社会科学报，2008—07—31.

董晓萍. 民族志式田野作业中的学者观念 [J]. 北京师范大学学报（社会科学版），1998（6）.

傅修延. 说"三"——试论叙述与数的关系 [J]. 争鸣，1993（5）.

冯积岐. 我们村的最后一个地主 [J]. 延河，2005（6）.

高丙中. 知识分子、民间与一座寺庙博物馆的诞生——对民俗学的学术实践的新探索 [J]. 民间文化论坛，2004（3）.

胡芳. 青藏地区风物传说研究 [J]. 青海社会科学，2011（2）.

黄龙光. 民俗志范式的反思 [J]. 西北第二民族学院学报（哲学社会科学版），2007（2）.

黄龙光. 民俗志及其书写 [J]. 广西民族研究，2012（1）.

黄兴涛. "话语"分析与中国近代思想文化史研究 [J]. 历史研究，2007（2）.

蒋雪红. 话语霸权下的中国汉族感生神话 [J]. 遵义师范学院学报，2010（3）.

李娟. 中国古代感生神话非图腾崇拜初论 [J]. 唐都学刊，2002（4）.

刘丽丽. 李自成传说研究 [D]. 武汉：华中师范大学，2011.

刘铁梁. "标志性文化统领式"民俗志的理论与实践[J]. 北京师范大学学报（社会科学版），2005（6）.

马翀炜. 旅游·故事·文化解释[J]. 吉首大学学报（社会科学版），2000（4）.

孙其刚. 始祖庙会的求育习俗[J]. 中国历史博物馆馆刊，1995（12）.

覃琮. 从"一般民俗志"和"作为研究方式的民俗志"[J]. 广西民族研究，2009（3）.

田兆元. 神话的构成系统与民俗行为叙事[J]. 湖北民族学院学报，2011（6）.

万建中. 民间传说的虚构与真实[J]. 民族艺术，2005（3）.

万建中. 民俗学的学术指向和前沿问题[J]. 神州民俗（学术版），2011（5）.

王明珂. 历史事实·历史记忆与历史心性[J]. 历史研究，2001（5）.

王宪昭. 中国少数民族感生神话探析[J]. 理论学刊，2008（6）.

王晓葵. 记忆论与民俗学[J]. 民俗研究，2004（1）.

王尧. 内部写本与地方性传说——以"洪洞县接姑姑迎娘娘"传说圈为中心[J]. 民族文学研究，2011（5）.

王志清. 借名制：民间信仰在当代的生存策略[J]. 民俗研究，2008（2）.

萧鸿. 试析当代社会网络研究的若干进展[J]. 社会

学研究，1999（3）.

杨利慧. 表演理论与民间叙事研究 ［J］. 民俗研究，2004（1）.

杨利慧. 神话的重建——以《九歌》《风帝国》和《哪咤传奇》为例 ［J］. 民族艺术，2006（4）.

杨旭东，赵月梅. 灵验故事：民间故事研究的另一个视角 ［J］. 重庆文理学院学报（社会科学版），2010（5）.

岳永逸. 乡村庙会传说与村落生活 ［J］. 宁夏社会科学，2003（4）.

张勃. 历史人物的传说化与传说人物的历史化——从介子推传说谈起 ［J］. 民间文化论坛，2005（2）.

赵世瑜. 传说·历史·历史记忆——从 20 世纪的新史学到后现代史学 ［J］. 中国社会科学，2003（2）.

郑庆君. 汉语谋篇的谐音机制及其语篇模式 ［J］. 求索，2009（10）.

钟年. 民间故事：谁在讲谁在听？——以廪君、盐神故事为例 ［J］. 民间文化，2001（1）.

周星. "民俗宗教"与国家的民俗政策 ［J］. 开放时代，2006（4）.

邹明华. "伪"历史与"真"文化——山西洪洞的活态古史传说 ［J］. 文学评论，2008（5）.

邹明华. 专名与传说的真实性问题 ［J］. 文学评论，2003（6）.

四、其 他

稷山县政协文史资料编委会：《稷山文史资料》，1985年第1期。

黄建中：《后稷大传》手稿本。

雷平良：《后稷》剧本、手稿本。

任国成、张大魁、韩树荆编剧：《农祖后稷》剧本。

中共稷山县委宣传部、稷山后稷文化研究会编：《后稷文化》2009年第2期（总第14期），2010年第2期（总第18期）。

胡升猷修，张殿元纂：《光绪岐山县志》八卷，清光绪十年刻本。

沈凤祥纂修：《稷山县志》，清同治四年石印本。

沈华修，崔昭等纂：《雍正武功县后志》四卷，清雍正十二年刻本。

张树勋修，王森文纂：《嘉庆续武功县志》五卷，清嘉庆二十一年绿野书院刻本。

张世英修，巨国柱纂：《光绪武功县续志》二卷，清光绪十四年刻本。

附录一　后稷文化遗迹的相关照片

陕西省岐山县周公庙后稷殿后稷塑像

笔者田野调查期间在陕西省岐山县周公庙后稷殿前

笔者在陕西省武功县与《武功觅古揽胜》作者黄权中先生合影

陕西省武功县教稼台碑碣

陕西省武功县教稼台后稷石塑像

陕西省武功县教稼台功德碑

陕西省武功县教稼台碑碣

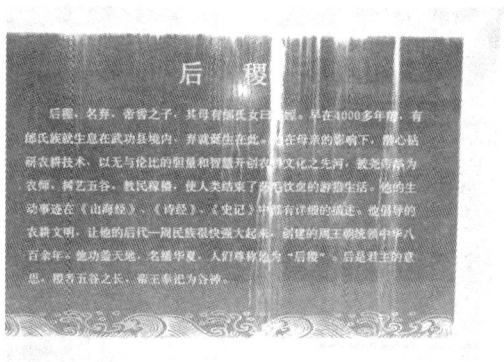

陕西省武功县教稼台后稷简介

陕西省武功县姜嫄墓

笔者考察姜嫄墓时留影

山西省稷山县稷王庙后稷塑像

山西省稷山县稷王庙内姜嫄塑像

山西省稷山县稷王庙内的《修复扩建稷王庙碑铭》

稷王庙内清代地方乡绅、商家捐银的功德碑

附录二 稷山县后稷文化暨《后稷传》剧本研讨会纪要

2009年4月8日，稷山县召开后稷文化暨《后稷传》剧本研讨会①，笔者择取与会官员、学者发言中涉及后稷传说的部分②，摘录如下：

一、县委宣传部部长禹桂香的会议主持词（摘要）

【主持词】在这春风和煦、万紫千红的美好季节，我们大家聚集在这里，举行后稷文化暨《后稷传》剧本研讨会，其目的和意义就是：站在学习实践科学发展观的理论高度和贯彻"两为"方针、开展百家争鸣的艺术角度，对我们稷山研究整理后稷文化的方向和目标、途径和方法，进行全方位的审视和深层次的思考，同时就《后稷传》剧本的主题思想、剧情结构、人物塑造、唱腔设计等方面进行研讨。参加这次研讨会的有稷山县四大班子有关领导同志和宣传文化系统的负责人，有特邀而来的省内外的专

---

① 稷山县委常委、宣传部部长禹桂香（2009年4月8日稷山县后稷文化暨《后稷传》剧本研讨会发言摘要。

② 《后稷文化》，2009年第2期。

家、学者，有稷山后稷文化研究会和戏剧界、文化界的一些同志。大家都抱着敬仰后稷功德、关心稷山发展的满腔热情来参加这次研讨会，相信一定会各抒己见，畅所欲言，为后稷剧本创作集思广益，建言献策；为后稷文化研究把脉定位，点石成金，使这次研讨会成为打造稷山品牌的鼓劲会，弘扬先进文化的动员会。

今天会议的主要议程是：

第一项，中共稷山县委书记李润山致欢迎词。

第二项，稷山县人民政府县长乔登州介绍稷山概况。

第三项，中共稷山县委常委、宣传部长禹桂香宣读后稷文化研究会顾问名单。

第四项，县领导为后稷文化研究会顾问颁发聘书。

第五项，《后稷传》剧本作者、著名编剧、导演雷平良先生介绍剧本。

第六项，各位领导、专家、学者和其他与会同志发言。

【结束语】同志们，今天的研讨会在大家的共同努力下，开得紧凑、热烈、富有成效。各位领导、专家、学者的精彩发言、真知灼见，充分体现了其对后稷文化研究工作的关爱和支持，显示了各自渊博的学识和智慧。大家提出的意见和建议，我们会后将认真研究，积极采纳，把《后稷传》剧本尽快改好，使《后稷传》这个剧目能够尽快与观众见面，把后稷文化研究工作推向一个新的水平，努力打造稷王文化名城，决不辜负各位领导、各位专家、学者对稷山的一往情深和无限关爱。

二、稷山县人民政府县长乔登洲的讲话（摘要）

我们稷山是后稷姬弃的故乡和教民稼穑的地方，天下粮仓源于此，中国古代第一批农民、第一个农村、第一个农业概念，也出于此。作为后稷子孙，我们不能仅仅为先人的伟大业绩而自豪，更应该有责任、有义务向全国、全世界宣传后稷，歌颂后稷，研究整理后稷文化，让国内外学者和文化界共享后稷文化的历史遗产，让更多的人了解后稷、了解稷山，从而关心和支持稷山的发展。后稷文化是一座源远流长、博大精深的文化宝库，别的地方比如陕西杨凌、武功，都已经看中它的价值，全力进行开发；而我们稷山过去由于种种原因，身在宝山不识宝，研究整理工作尚属空白，但我们新一届县委、县政府既然已经清醒认识到这一点，就下定决心后来居上，百倍珍惜"后稷教民稼穑在稷山"这个特有的历史符号，搞好后稷文化研究工作。做总比不做强，早做比迟做好，做就要做出个样子来！

近年来，我们已经在这方面做了一些探讨性的工作：后稷文化研究会已于 2005 年 5 月成立，同时创办了全国唯一的后稷研究刊物《后稷文化》季刊；邀请著名作家张雅茜创作出版了《稷播丰登》一书；由《稷山报》和县志办编辑出版了《稷人说稷》《稷山风情》等书籍；国学大师、稷山籍著名学者姚奠中先生艺术馆落户稷山；稷王庙、大佛寺等名胜古迹扩建一新；阳城走兽、高台花鼓、赵氏四味坊麻花等一批国家级和省市非物质文化遗产已获成功审批；《祭后稷文》和《稷山板枣赋》的公开发表，填补了我县自明清以来尚无后稷祭文以及至今缺乏全面系统宣传稷山板枣的空白；县委、县政府全力支持的高台花鼓不断创新发展，成功进入 2008 年奥运会和 2009 年中央电视台春节联欢晚会，从而使铿锵鼓曲擂响新稷山，使后稷故里在全国全世界的知名度大大提高；一大批研究后稷的乡土人才脱颖而出，如杨山虎、宁水龙、樊喜庆、杨明有、原旭东、黄建中、张大魁、梁华、高炜、杨继红、王俊明等，他们成为宣传后稷的中坚力量。为了全面、系统、直观、形象地宣传后稷功业与精神，我们特邀著名编剧、导演雷平良先生来后稷考察采风，雷平良先生呕心沥血创作出大型舞台剧剧本《后稷传》，在今天这个研讨会上，请大家共同讨论和审议该剧本，使它尽快定稿，搬上舞台，早日展示给广大观众。

各位专家、学者、全体与会同志们！后稷生于稷山，教民稼穑于稷山，去世后又葬于稷山，研究后稷应当首先从稷山开始，但后稷并不仅仅属于稷山，而是和尧、舜、禹一样，同样都是我们中华民族的文明先祖，同样属于整个中华民族。所以，研究后稷更要借重于全国各地的名流贤达、志士仁人和各种媒体朋友。前几年，全国著名策划人陈放就曾向我们李书记当面建议，认真开展后稷研究；常州市企业家、后稷后裔周国屏先生，专门给我来信并寄书，诚恳表示全力参与后稷史料的研究工作，并愿意向稷山赠送工艺品。殷殷深情，溢于言表；挚挚诚心，难以忘怀！我县一些企业家和人大代表、政协委员，屡屡建议，要求我们争取在稷山举办中国农民节，恢复后稷大祭。民心所向，大势所趋，我们要以极大的历史责任感和时间紧迫感，让后稷文化的宝贵财富在小康社会建设中充分发挥作用。今天请大家来参加这个研讨会，就是让各位发挥自己的才智，贡献自己的学识，就后稷文化研究工作的战略定位、方向目标、方法途径进行审视反思，见仁见智，出谋划策。宋人黄庭坚有云："灵丹一粒，点铁成金。"金人元好问有云："一语天然万古新，豪华落尽见真淳。"各位都是学识渊博、经验丰富的名流大家，相信你们一定慧眼识珠，一语中的，使我们幸蒙启迪，受益匪浅。最后，恳请大家以后多来稷山转转，多和我们联系，开放的稷山随时欢迎你们，发展的稷山永远需要你们！

三、诸位与会学者发言（摘要）①

（一）贾克勤（山西省社科院文学研究所）

关于雷平良先生创作的《后稷传》剧本，总的印象是把后稷生平事迹都写到了，而且有一定故事性。但框架上不是很完整，人物出场应在第一场就找到矛盾冲突爆发点，不宜太平淡，后稷母亲姜嫄一出场就死掉，情节很不合理，让观众心里难以接受。结尾写后稷去世、巨星陨落，但没有写出他的"巨"在哪里。整个戏剧脉络不大清楚，主体不太突出，后稷教民稼穑这一块没有写透。

---

① 与会专家发言内容由黄建中提供。

（二）杨尚勤（陕西省社科院党组书记、院长）

关于《后稷传》剧本，我有几点粗浅看法：

第一，写后稷戏，首先要抓住戏魂。后稷是何人？是公认的中国农业奠基人。他发现稷米，教民稼穑。中华文明的源头就是农耕文明，是在后稷手里集大成的。世界远古文明史上，曾产生过三种民族或部落：游牧民族、商业民族、农业民族。是后稷把游牧民族引进到农业民族，这是一种历史进化，也是一种文明进步。我们要在人类发展脉络上找源头，中国农业发展史的源头就是后稷和他教民稼穑的那个时代，《后稷传》戏剧的戏魂，也就在此。

中国朴素唯物主义提倡"三个合一"关系，即"天人合一""物我合一""知行合一"，我认为在《后稷传》戏剧创作中，也应该体现这种"三个合一"关系。"天人合一"就是人与自然的关系，突出物质文明；"物我合一"就是主观世界和客观世界的关系、人与社会的关系，突出精神文明；"知行合一"就是发扬自强不息的精神。这些，后稷本身都具备，应展开写好。

第二，"人神定位"问题。东北师范大学教授曹书杰在他所著《后稷传说与稷祀文化》一书中讲"后稷是人神合一的人物"。这个观点我赞同。《后稷传》剧本把后稷定位为人是对的，但也有点神化，有点神韵。在这方面不妨大胆探索，具有创意。

第三，关于"突出主题"问题。《后稷传》剧本应突出反映后稷对农业的贡献，对中华文明的贡献。人们的生产生活方式决定文化的取向和走向。突出后稷对农业的贡献，不但不会贬低后稷在历史上的地位，反而会强化这种地位。当然其他方面也可涉及一些，但必须重点突出后稷对农业的贡献这个主题。学术界和老百姓都公认后稷是农神、谷神，这个历史地位不能动摇。我们要仔细研究中国农业发展史，找准合适的方法和载体来表现这个主题。

第四，如何表现主题：要把握好大时代，具体时段没有必要分得太细，文学作品毕竟不是学术作品，允许作者有想象的空间和不违背历史真实情况的虚构情节。在把握好大时代的情况下，在语言、服饰、音乐等方面要运用得当。总之，定位要准，在准确把握历史事件的同时具有丰富的艺术想象力。

第五，关于通过弘扬后稷文化打造稷山品牌的问题。后稷教民稼穑这个历史品牌，我们一定要珍惜，要做的事情还很多。要以弘扬后稷文化为核心，建设文化强县。文化有一定的规律，它既是意识形态的反映，同时也具有商品性。文化领域要贯彻科学发展观，注重政治、经济、文化、社会同步协调发展。目前国人普遍浮躁，在文化方面走了不少弯路，突出表现就是人为破坏文化资源，以污染生态为代价来"发展"文化。不少地方都是争名人籍贯，官司打得不可开交，如"女娲补天"所在地，湖北、河南两个省都在起劲争。黄帝陵和黄帝故里，河南、陕西争得很厉害。我认为，我们稷山不要刻意追求这方面的东西，应扎扎实实地做些有意义的事情，要尊重文化的自身规律和经济规律，宣传好稷山作为农耕始祖故里和传统农业县的优势，并把当今稷山人的精神风貌反映出来。要把稷山的历史文化名胜古迹当作最主要的载体，打响旅游文化品牌。是否和韩城联合建立一条旅游热线，在西安召开新闻发布会？我将大力支持这种做法。再一个就是通过展览馆，搞一些后稷功业和农耕文化展览，增添一些东西，让游客有看头，有品头，有说头。

（三）陈坪（山西省社科院文学研究所副所长）

就《后稷传》剧本创作问题，我谈两点意见：第一，剧本创作过程是一个从困惑到理解的艰苦历程，写后稷戏，无前例可借鉴，对作者是一个很大的挑战。后稷教民稼穑是一个生产过程，在舞台上不好表现。后稷所处的时代是人神共存的时代。古希腊悲剧就体现了人与命运的抗争。《后稷传》是英雄史诗，开创了一个时代，从狩猎时代走向农耕文化，这是一个正剧。古希腊悲剧用歌队表述故事，我们是否用优美唱腔来表现主题？第二，后稷所处的时代是人与自然的矛盾，阶级矛盾少写。后稷之死如何表现？可用回忆、倒叙来表现。

（四）田建文（山西省考古研究所驻侯马工作站站长）

后稷起源于咱们稷山，商代晚期后稷子孙迁移到武功、岐山一带，他们把始祖也搬到那儿，给后人造成错觉和误解，实际上，后稷就是生在稷山一带。他的历史定位就是粮食大臣，也是农神。

《后稷传》剧本要以教民稼穑为核心，重点写他教民稼穑。后稷是五谷之神，我们不要纠缠什么"稷是不是高梁"之类的提法。

剧情中有两点应注意：第一，不要再提"奴隶社会"，这是恩格斯和郭沫若讲三种社会形态时提到的，现在应讲部落、小国家，白寿彝主编的《中国通史》第二卷中已有明确表达。第二，"牛耕"在春秋战国时期才发明的，不是后稷那个时代。

（五）刘云霞（侯马市作家协会副主席）

我对《后稷传》剧本的总体评价是：故事生动，事件真实。但生活真实提炼为艺术真实，还需下很大功夫。这两点应注意：第一，文物与实物。充分利用出土文物来旁证当时的历史背景。第二，文献与神话。有关后稷的文献记载很少，但民间流传着许多神话，神话是历史的影子，我们要把这些进行系统化整理，写出让观众信服的东西。

（六）宁云峰（运城市文化局戏剧研究所所长）

稷山人杰地灵，藏龙卧虎，是一块文化热土，尤其是高台花鼓打进央视春晚，对提升稷山形象作用太大了。我们要打造文化软实力，增强核心竞争力，后稷就是咱们县独一无二的品牌优势和资源。问题就在于我们如何整合、利用好这个资源。

历史剧难写，神话历史剧更难写。虽然神话剧史料能够参考的东西太少，但有广阔的想象空间。如果我们把《后稷传》剧本写好、改好、排好，今年①我市主办 60 周

---

① 即 2009 年。

年戏剧调演，咱们这个本子可以争取立项，参加调演。

这个本子选题不错，但有几点应注意：第一，戏剧事件主干要立好，枝叶不宜太繁，大禹治水、尧舜禅让、放逐丹朱等不要多写，要把后稷教稼多写、写好，以这个切入点来刻画人物。第二，我们是现代人来写古代人，要找出现代人与古代人思维方式和情感世界的融合点或整合点，才能使观众产生情感共鸣，想把戏看下去。《后稷传》剧本的戏剧契合点和最动情的高潮在哪里？这一点要把握好。第三，寻找人物感情爆发点，要在人物矛盾心理、感情世界上多刻画，戏剧结尾可淡化情节，用歌舞穿插，烘托气氛。

（七）王泽庆（运城市博物馆研究员）

把后稷故事打造为英雄史诗，这个品牌非常重要。后稷的功绩就是把人类从狩猎时代推向农耕时代，解决了人们吃饭的问题。剧本一开头就应当写当时人们吃不上饭流离失所的情景，从而引出后稷立志解决这个人类生存危机的情节。

要写后稷功绩，还必须与现实结合。党中央历来重视"三农"问题，年年发出的一号文件都是关于农业的。我们写后稷戏，就要激励青年人爱农、重农，投身农业科技，献身农业科学。

戏中可以加上古代乐器，还有稷山宋金墓中段氏墓铭讲的三善文化（善孝养家、善食养身、善戏养神），彰显地方特色。

总之，剧本要力求体现结构真实性、情节生动性、人物生活性。

（八）杨山虎（运城市诗词学会会长）

《后稷传》剧本把姜嫄家写成稷山县小阳村，具有地方特色，这一点处理得很好。

整体看来各场结构、情节给人以平分秋色的感觉，应用浓墨重彩描写后稷教民稼穑、佐禹治水，至于尧舜禅让、放逐丹朱等情节，可一笔带过。

附录三 未采用"卵生母题"的 《后稷传》剧本

新编历史蒲剧
后稷传（征求意见稿）
雷平良著

中共稷山县委宣传部
山西省稷山县文体局
山西省稷山县蒲剧团

写在前面的话——关于《后稷传》的注解和说明

为什么说后稷故里在稷山？

1. 关于后稷生于稷山、长于稷山、教民稼穑于稷山的传说，几千年来群众口口相传至今不改，而且传说中他的母亲姜嫄为小阳村人氏。稷王山上有后稷和他母亲姜嫄的陵墓，直到 20 世纪 30 年代才为日寇所毁。

2. 隋文帝开皇十八年（598），为了纪念后稷开创农耕伟业的不朽功绩，朝廷将高凉县正式定名为稷山县，这是以人名作为地名的典型事例。自此之后稷山县历唐、五代、宋、金、元、明、清、中华民国、中华人民共和国一千四百余年而不改。而隋建都于长安，武功是长安的郊区县，当时在政治上拥有极大的优势，如果武功县是后稷故里的话，朝廷一定会把稷山县的称号给武功县。而最后还是将河东高凉县定名为稷山县，这说明高凉县一定是在后稷故里。

3. 陈邦英教授通过考证甲骨文发现，现在稷王山下稷山县境内的这块地方，在远古时就称为稷地。《辞海》解释说："稷，古地名，春秋时期属于晋国，在今山西省稷山南稷山下。""稷山，又名稷王山，稷神仙……后稷教民稼穑于此。山上古时有稷祠与稷亭，故名。"

4. 后稷在关中武功的说法，用陕西省著名考古专家尹盛平的话说："有一个无法克服的缺陷。因为目前发现的先周文化，时代上限为商二里冈上层时期，年代至多到公刘（后稷的后世子孙）时期，上至周人始祖后稷弃的年代，还差好几百年。"（尹盛平《先周文化与周族起源》）当然是这样了，因为早在隋朝的《隋图经》中就说得很明白了："稷山在绛郡，后稷播百谷于此山。《左氏传》谓晋侯治兵于稷，以略狄土，是此也。"

5.《陕西通志》说："后稷播百谷，独以稷名，其播谷之地亦曰稷山。"（见顾颉刚主编之《古史辨》第二册第103页）说明陕西省对武功县的说法并不肯定。

近年来山西省稷山县委、县政府大力弘扬后稷文化，先后整修了国家重点文物保护单位后稷祠（稷王庙）、成立了后稷文化研究会、出版了《后稷文化》杂志。2008年8月以来又邀请陕西省戏曲研究院的著名导演和剧作家雷平良先生创作大型历史舞台剧《后稷传》。在长达半年多的时间里，雷平良先生夜以继日不眠不休，查阅了数十万字的资料，终于完成了这一大型剧本。由于广大观众对上古时代的情况比较陌生，对后稷的丰功伟绩了解还不多，受雷平良先生的委托，我写了这个材料，作为对《后稷传》剧本的注解和说明。

稷山县作家协会秘书长、《后稷文化》杂志编辑　黄建中

2009 年 1 月 15 日

《后稷传》的时代背景

河东大地物华天宝、钟灵毓秀，是华夏文明的起源之地。在我国夏朝建立之前有三个著名的部落联盟首领先后兴起于这里，这就是建都于平阳（今临汾）的尧，建都于蒲阪的（今永济）的舜，建都于安邑（今夏县）的禹。长期以来，由于文献记载的不足和考古发掘的局限，对尧、舜、禹的断代众说纷纭，难以形成定论，甚至有人提出尧、舜、禹是神话中的传说人物。为了澄清事实，厘清中华民族的起源，进而增强海内外炎黄子孙的向心力和凝聚力，共同致力于中华民族的伟大复兴，国家于 1996 年启

动了"夏商周断代工程",于 2000 年公布了《夏商周断代年表》。夏朝的建立被确定为公元前 2070 年,大禹被确认为夏朝的建立者。下一步,还要进行"中华文明探源工程",以求确立从尧舜一直上推到黄帝的年代框架和重大史实。

长期以来我们有一种误解,即把黄帝到尧、舜时期误认是处于母系氏族社会茹毛饮血的蛮荒时代。其实公元前 2070 年夏朝的建立标志着中国进入了世界四大文明古国的行列。因此处于公元前 2070 年之前几十年的尧、舜时代,是华夏文明迅速发展,走向辉煌灿烂的重要时期,我们对此应有基本的认识。

在这个时期,华夏文明早已进入了父系氏族社会。从黄帝到尧、舜时期,所有的部落联盟首领都是男性。而帝喾有四个妃嫔,尧把两个女儿都嫁给舜,说明妇女在社会地位上已附属于男子并转向微贱,早已不像母系氏族社会中那样处于领导地位。

人民出版社 1979 年出版的《中国古代史》记载,从五千年前起,黄河流域和长江流域的氏族部落先后从母系氏族进入了父系氏族公社,即龙山文化时期。这时的社会生活呈现出以下几方面的特点:

农业发展起来,已使用大型的磨光石斧、石铲、骨铲和木耒。收割时用磨光穿孔石刀、石镰和蚌镰。黄河流域以粟类(小米)为主,长江流域种植水稻。在农业发展的基础上,畜牧业也繁盛起来,各地考古遗址中已发现大量的牛、羊、猪、狗遗骨。

手工业也有很大进步，这时在母系氏族（仰韶文化时期）已能大量生产鼎、釜、罐、钵、碗、盆、盘、杯的基础上，生产出了精美的蛋壳陶、白陶、黑陶，还有透雕的骨梳和象牙筒。红铜的冶炼和加工也已开始，为人类进入青铜时代奠定了基础。衣物有麻、丝制品。1929 年在夏县西阴村出土了上古时代的半个蚕茧，证明丝织业已很古老了。

在建筑方面已出现城池、宫殿。现在出土的龙山文化时期的淮阳平粮台古城遗址呈正方形，长宽各 185 米，城内面积 3.4 万平方米，连城墙在内达 5 万平方米，已建有城墙、城门。在文化上西安半坡出土的彩陶上有二三十种符号，这表明文字已开始起源。

生产率提高，产品出现了剩余，开始了交换。炎帝时已有"日中为市"的说法。逐渐地出现了剥削，在部落斗争中的俘虏也不再杀掉，而沦为生口（奴隶）。阶级社会正在成型，部落联盟一步步转化为国家，联盟首领一步步转化为君主。

舜担任部落联盟首领后进行了改革，把部落联盟的负责人员一步步转化为官员。他任用大禹担任司空（主持水利）、姬弃担任后稷（主持农业）、子契担任司徒（主持民政）、皋陶担任大理（主持刑狱）、龙担任纳言（主持上传下达）、夔担任典乐（主持礼仪）、伯益担任朕虞（主持山林川泽）。地方制度上，《左传·襄公四年》载："芒芒禹迹，划为九州。"把各部落、氏族按照居住地的不同划为九大区域，《史纪》和《汉书》载九大区域为：冀州（山西、河北)、兖州(山东)、青州(胶东)、徐州(淮北)、扬州(淮南、江北)、荆州(湖北、湖南)、豫州(河南)、梁州(汉中)、雍州(甘肃、关中)。后来又增加了幽州、并州、营州,号为十二州。一个建制完备的国家已初具雏形,到大禹继承舜帝位后建立夏朝已水到渠成了。中国原始社会即将走到尽头,阶级社会即将产生。

后稷就生活在尧、舜、禹这个时代。《史记》载后稷姬弃为黄帝的五世孙、帝喾的儿子(正妃姜嫄所生)、尧帝的兄弟、舜帝的大臣、大禹的助手。旧史中说后稷"源开粒食,教民稼穑",开创了中国的农耕伟业,改变了人们当时采集野果、围捕野兽的生活。他培育五谷,引发了古代社会的首次种植革命。位列五谷之首的稷(谷子,也有人说是高粱)通过他的发现、培育、栽种,长时间以来养育了亿万民众,并且延续至今。他创造了最早的农耕文化,在人们采集和狩猎的艰难困苦生活中,推广农耕,倡导春种、夏管、秋收、冬藏。又受尧帝之命在稷王山下汾河两岸教民稼穑,大力推广粮食生产、农耕技术,使天下得其利,为华夏文明奠定了物质基础。孟子总结说:"五谷熟,而民人育。"

其实农业在原始社会从起步到成熟是一个漫长的历史进程,在这一进程中无数的华夏先民做出了自己的贡献。到了后稷的时代,他在前人的基础上巩固、充实、革新、提高,在农业生产上取得了决定性的突破。《论衡》中记载他在春种、夏管、秋收、冬藏之外还选择优种,煮马粪为汁渍种防虫、施肥、灌溉、按节令收种……这样后稷就成为中国上古时代农业集大成者，因此获得了后世无限的崇敬，被誉为华夏民族的农业始祖。

后稷在政治上大公无私，在尧、舜交替、华夏文明发展到承前启后的关键阶段，毅然出面流放了尧的儿子、自己的亲侄子丹朱，坚定不移地把舜推上了继承人的位置，促进了尧、舜禅让，为华夏文明的进步和发展做出了不可磨灭的伟大贡献。

尧十六岁即位，前后在位超过七十年。他是华夏文明早期部落联盟时代一位英明的首领。司马迁在《史记·五帝本纪》中说："其仁如天，其知如神，就之如日，望之如云，富而不骄，贵而不舒，百姓昭明，合和万国。"尧执政中期，开始选择继承人。有的大臣要拥立尧的儿子丹朱，但是尧认为丹朱"顽凶"又好诉讼，不可用。最后大家推荐舜，经过试用，"舜慎和五典，五典能从；遍入百官，百官时序；宾于四门，四门穆穆；诸侯远方宾客皆敬"。尧很满意，认为舜有圣人的风度，就把舜确定为继承人。并且表示"把天下授给舜，则天下得其利，而丹朱病；把天下授给丹朱，则天下病而丹朱得其利"。最后表示"绝不以天下之病而利一人"。

舜做了继承人以后，开始处理日常政务。他举贤任能，天下达到了"以揆百事，莫不时序"，"父义、母慈、子孝、兄友、弟恭、内平外成"。这样一直连续了二十年，天下大治。这时尧年事已高，步入晚年。年老昏聩的尧一反自己过去天下为公的高风亮节，竟然要废去舜继承人的地位，准备立儿子丹朱为帝。已经做了二十年继承人的舜已有大量的拥护者，不是轻易就能动摇的。为了维护自己的政治利益，舜断然采取了措施。《竹书纪年》载："昔尧德衰，为舜所囚，复偃塞丹朱，使不与父相见也。"《韩非子·说疑》载："舜逼尧，禹逼舜，汤放桀，武王伐纣，此四者，人臣之弑其君也。"这场突如其来的重大政治风暴，如果处理不好，必然向着互相残杀、血流成河的方向发展。正处在飞速发展的华夏早期文明面临着夭折的危险与考验。

在尧舜对立、局势险恶的关头，后稷亲自出面把丹朱流放到丹水流域，使他远离尧都平阳，不能再和舜争夺帝位了。年老的尧不再干预政事，由舜接替。一场惊天动地的轩然大波，在后稷的力挽狂澜之下，最后以较为和平体面的方式结束了。华夏早期文明避免了一场浩劫，得以继续向前发展。"亚东开化中华早"，在世界大多数民族还处于茹毛饮血的蛮荒时代，华夏文明已卓然挺立在世界的东方。这其中后稷所做的伟大贡献怎么褒扬都不过分。

舜继位后立即诛杀了治水九年仍然失败的鲧，流放了三苗、共工、浑沌。由后稷和伯益辅佐大禹治水，经过十三年的艰苦努力，终于平息了滔滔洪水。在这期间后稷肩负着粮食和物资供应的重任，"调有余以补不足"，承担了大量的工作，功勋卓著。当治水成功，舜帝嘉奖大禹时，大禹表示这首先是后稷的功劳。

《三国志·魏书》载"稷勤百谷而山死"，后稷在治水结束后，依然致力于农业生产，直到生命的尽头。去世后安葬于他付出毕生心血教民稼穑的稷王山顶。

后稷传

出场人物

姬弃、姜嫄、小玉、头人、生口、尧帝、舜帝、大禹、皋陶、伯益、丹朱、夔、鲧、娥皇、女英、浑沌、共工、三苗、众烝民、众民工、宫卫、护卫、宫女等。

场次

第一场：志在烝民

第二场：尧舜得贤

第三场：教民稼穑

第四场：尧舜禅让

第五场：力挽狂澜

第六场：荐禹治水

第七场：巨星陨落

尾　声：万世流芳

第一场：志在烝民

[四千年前，奴隶社会前夜，氏族社会末，尧舜禹时代。

[冀州之河东、汾水之滨、黄土山下、小阳村旁；秋高气爽，沃野平畴，万木滴翠，鸟语花香。

[小阳村青年烝民姬弃扶犁吆牛耕田，边哼唱着……

合唱：黄河似龙，翻腾岁月难计算，

两岸先民，战天斗地有万年。

尧天舜日，河东农耕早发展，

汾水之滨，弃又发现高粱可做餐。

[合唱中男女平民奴隶们伴舞——渔猎，采桑，农耕……下。

[小阳村平民村姑小玉提罐吆叫着上。

小玉：弃哥哥！弃哥哥！（放罐上坡）弃哥哥哪，姜大婶教我给你送膳来了！

姬弃：（内应声）知道了，小玉。我给牛添点草料就过去！

（擦汗巡视着）好个弃哥哥，今天又开了这么大一片田哪！

小玉：（唱）好一弃哥真能干，日出而作日息还。

开地一片又一片，种麦务菽长势欢。

家中存粮吃不断，好赐尚舍救病残。

开先种稷遍称赞，人都说小阳村里出大贤。

若嫁给这种男儿汉，不愁饥饿有人缘。（又羞怯）

[执草笠的姬弃上。

姬弃：小玉！有劳你了。

小玉：弃哥哥！（相聚）弃哥哥，这里昨日还是一片蛮荒，今天就成了田地了，你可真能干哪！

姬弃：（边掸尘理衣）说来简单，这块地我早看好了，今天吆牛而来，就拔荆烧草、平整地面、搭犁松土只一会儿，一块田地就成形了。小玉哇，待后晌再耧耙上几遍，你再看这块田漂亮。哈哈哈……（欣赏着自垦田）

小玉：唉！我爹这人真死心眼，明明知道靠渔猎无保证，猎物又不便保管；也常说粮食好吃，强身壮体；可仍要以渔猎过活，偏不学稼穑，简直是老糊涂了。

姬弃：岂但你爹你一家哇！眼下，渔猎谋生仍为主流，使人望洋兴叹！对此，我那经多见广的老娘分辩说，自盘古开天地以来，凡传承之习俗，极难更变矣！

小玉：哎呀弃哥哥，你不枉人称大贤，真乃以天下之忧为忧矣！

姬弃：同在一皇天后土中，怎得不忧。（忽而）呃，小玉！莫如将这片田地送与你家，再选些上好的稷种，我包你父女学会稼穑，你看如何？

小玉：（急）不不不！夺人之美，怎好承受哟！

姬弃：多心了！对俺而言，垦荒不过举手之劳，再开一片田地，如同玩耍一般。

小玉：哎呀呀！你这么一说，我心也乱了；如此大事，必须征得爹爹许可哇，要不他会打骂我的，你且用膳吧！

姬弃：不必担心，说服你爹有我嘛。

小玉：那太好了！小阳村的父老，就信服你哇，嘻嘻嘻……

姬弃：小玉，今天我娘给我做的甚么膳？

小玉：就是你育种的稷米膳。这个稷米呀，煮成膳，调点解梁盐、搅上菜，可真香！真得吃哇！（从罐盖上取下陶碗，以罐中的骨勺盛膳）

姬弃：哈哈哈……我就爱听这话。那你就先用吧。

小玉：不瞒你说，姜大婶听说我父女两天未进食了，就端来一釜稷米送于我爹，又拉我到你家同煮同吃，俺一

口气就吃了两陶碗,吃了它个肚肚圆。嘻嘻嘻……(送碗勺)

姬弃:那就不谦让了。(用膳)

小玉:弃哥哥!我怎么也想不通,你分明不是神不是圣,怎知道稷可食用,就把它育种成粮呢!该不是神仙点化了你吧!

姬弃:哈哈哈……取笑了!我这个人呀——

(唱)幼爱草木喜山川,奇花异草移门前。

慈母教养长心眼,好务稼穑赏禾田。

去年登山采野果,群鸟聚处叫声欢。

循声而去细观看,几株稷禾颗粒繁。

摘取几粒慢嚼咽,味似粟麦油香甜。

一时狂喜尽收揽,精心选粒种屋边。

松土除草勤浇灌,一片稷禾惹人观。

穗大粒饱红艳艳,分与多家做膳餐。

赞声鹊起壮我胆,欲效神农报轩辕。

今日育稷小阳村,他年推广遍人间。

小玉:好大的口气!你既非姜家头人,又非地方牧官,一个烝民凭甚么推广稷米哪?

姬弃:就凭我自己!

(唱)广种稷米做示范,逢人便讲稷可餐。

东家送来西家散,云游九州把稷传。

天复天,年复年,风雨雷电难阻拦。

即便成白发笠翁山下田间,执犁扬鞭把牛赶,

纵然间一息尚存扶杖提罐,挪步他乡启民顽。

自信天地有良心，死后九州遍稷田。

小玉：（不禁）哎呀！就这么痴迷干到老，难道也不娶妻成家了？

姬弃：你……

小玉：（忽觉羞）哎哟！话说到沟里了，臊死人矣！

[姜家头人的奴隶、背弓拖猎枪沮丧着上。

甲奴隶：（唱）狩猎无获空手还。

乙奴隶：（唱）难见头人倍熬煎。

甲奴隶：（唱）饥肠咕咕冒虚汗。

乙奴隶：（唱）浑身无力倒路边。（同倒卧）

小玉：呃！那不是头人家的两个生口嘛？

姬弃：好像是。哎呀！二生口饿昏了，快将这剩膳给他们。

[弃与小玉忙提罐上前，弃盛膳。

小玉：二生口苏醒，弃哥哥给你们送膳来了！

二奴隶：（翻身而起）膳！膳！膳在哪里？在哪里……

姬弃：这罐膳足够二位食用了，不必性急。

[二奴隶一人抓碗，一人抱罐而狂食。

小玉：嘻嘻！看样子也是两天未进食了。

二奴隶：（伏跪递碗罐）多谢小哥哥、小姐姐赐膳！

小玉：嗨！我们也是烝民，不是头人，下甚么跪哟。（接碗罐）

姬弃：（搀扶二奴隶）我娘常说，饱者不舍膳，暖者不赐衣，有违天理哟。

二奴隶：弃哥哥真乃贤人矣！

乙奴隶：这是什么膳，后味仍油香油香的？

甲奴隶：是好膳，你看，（活动身体）我一吃就长精神了！

〔小阳村姜氏头人上。

头人：（内喊）生口！生口！

乙奴隶：（慌）不好，头人找来了，怎么办？

小玉：快躲到稷禾田里！

甲奴隶：唉！躲过一阵还得回去，打不来猎物，头人不会便宜我们的。

姬弃：岂能等着挨打哇！

乙奴隶：只有多告饶，少挨打了。咱毕竟是人家的生口嘛！

甲奴隶：小哥哥、小姐姐躲避，莫可招惹是非。（二奴隶跪迎）

头人：（执鞭奔上）生口！日色已过午，打的猎物呢？不及时回禀，怠工谝闲传，自己说该以何处？

二奴隶：（哭了）我的头人哇！（不住叩头）

（念）村前村后尽禾田，狼虫虎豹钻深山。

山雨连绵山坡险，野兽绝迹转回还。

腹中无食浑身软，贤人赐膳魂才安。

头人：噢！说到底，都大半天了，你俩个一点儿活也没干吗？

姬弃：（上前拱手）头人，生口之言不虚，尚望怜念。

头人：哟嗬！有人说你是贤人，你可真爱管闲事。要知道俺拿骡马换来的生口，当然由我管，不劳烝民操闲心矣。

二奴隶：头人！（唱）身为生口知亏欠，立马干活夜不眠。

头人：不不不！这个账仍没算清，一夜不眠地干活儿，这是你们应有的本分；那么这上半天一点活儿未干，又该怎么算呢？

小玉：哎哟！你这个头人也太苛——

姬弃：（忙制止）头人，打了不罚，罚了不打，既打又罚，有越大理，请头人三思。

头人：烦不烦！你们简直是吃了没盐的膳了，爱管些闲事！

小玉：咋啦！路不平有人铲，事不公有人管！

姬弃：为头人者，应知公理。（躬身而揖）

二奴隶：（急）小哥哥、小姐姐不能多言了。头人，生口认罪领刑。只是请头人手下留情哇！（不住叩头）

头人：已经没兴趣了！嘻嘻，倒有兴趣向这二位领教也！你二位今天口口不平，声声公理，请问，我家生口犯了我的家法，我不能打理，还要受他人指拨，这算个甚么公理！

这——！

（二人作迟疑状）

头人：咱们之间，到底谁该不平？怪了！二位又凭何不平呢？

姬弃：嘻嘻，小民姬弃不过一旁荐言，并非阻挠，头

234

人莫可误解。（拉小玉欲去）

　　头人：慢！你这个荐言好不寻常矣！是你东家荐言务农耕，西家荐言种稷禾，搞得村前村后村左村右尽成了庄田，平民们家家称你为大贤，你的荐言，可苦了我这头人了哇！

　　（唱）村边不能放马羊，狩猎只得上山岗。

　　生口多病连死亡，活儿如堆急又慌。

　　平民有食头高仰，不愿舍身来帮忙。

　　越思越想怒火旺，今天要尔作赔偿。

　　小玉：简直是胡说八道！

　　姬弃：（挡）只要我心无亏，由他去吧！

　　头人：二生口上来！

　　二奴隶：头人。（忙上前）

　　头人：今天既不要你俩个补夜工，又不付鞭棒之刑。我要你们手执猎枪，立即将这片高傲的稷禾给我撂倒夷平，一禾不剩。

　　奴隶：（惊）这！

　　头人：（逼上）如不从命，就将你们拉到后院子的枯井里活埋了！

　　二奴隶：（如疯）头人哇——

　　头人：你们也清楚，咱可是说到就办到的主。

　　二奴隶：（痛苦地）弃，弃哥哥哪！生口亏、亏对你了哇！（狂吼着毁稷田）

　　小玉：哼！待我速报姜大婶得知！（奔下）

　　姬弃：生口！（扑向二奴隶，被头人挡定，浑身颤抖）

好贼哪！（狠抽头人一耳光）

头人：（惊叫）敢打头人！你、你、你好大的胆哇！（扑上与弃拼打）

姬弃：哼！（唱）心流血，难禁火山喷烈浆，

虽烝民，从不把头人眼中放。

是私恨，分明私恨挟众望，

看今日，打尔个鼻青眼肿吐血光。

［小玉引姬弃之母姜嫄上。

姜嫄：（内喊）住手！（与小玉匆匆上）弃儿，你气死为娘矣！（忙上前搀扶头人）头人恕罪！头人恕罪！是姜嫄、是姜嫄教子无方，下而犯上。明日定携劣子登门告罪，请你老人家鞭教棒训！

姬弃：娘，你乱说甚么呀！

头人：（痛而挣扎着）生口，搀我来！（远远观望的二奴隶忙上前搀扶）姜嫄哪你听着！你身为烝民，不安分守己，竟敢纵子行凶，下而犯上；我要上告冀州牧，要教州爷将你母子判为我家生口，再看俺如何治死你母子！（不住跺脚而触伤痛）哎哟哟……回！

［姬弃气而欲扑打，被小玉力阻。

姜嫄：（慌）不不不！头人，头人哇！有姜嫄与你赔罪，送我家黄牛以抵过错！头人，你——

头人：（回头）已经迟了！俺绝不罢休！（被二奴隶搀下）

姜嫄：（痛叫）天哪！（昏倒在地）

姬弃、小玉：（急）母亲、大婶！（奔前搀扶）母亲、

大婶醒来！……

姜嫄：（渐醒）弃，弃儿，为娘这条老命，今日葬送儿手了！（狠抽弃一耳光）

姬弃：娘哇！（扑跪）

[小玉即推过一树根座，扶姜嫄坐下，隐退下。

姜嫄：（唱）绳子偏从细处断，怕处有鬼遭鬼缠。

那头人恃财富一方总管，四岳官冀州牧任贼威严。

一跺脚小阳村天抖地颤，平民家皆闭户生口哑言。

咱娘儿一旦间被贼计算，落生口任宰割尸骨难全。

痛姜嫄命多乖天地不怨，到今日难言隐不得不谈。

娘本是帝喾妃尊贵美艳，轩辕帝正是儿五世祖先。

姬弃：（大震）噢！……（暗叫）天哪！

姜嫄：（唱）那尧帝儿亲兄异母分娩，众嫔妃互攻讦喾帝心烦。

娘当年倡稼穑犯颜直谏，喾帝怒指骂娘为妇不贤。

将王妃贬烝民赶出宫院，全不念娘身怀姬家儿男。

往日里还故乡村头人满，这时候一个个远避旁观。

我二老闻噩讯气绝当院，立时间娘早产倒卧门槛。

天昏昏哭爹娘因我命断，风冷冷怀抱着无父儿男。

弃儿汾河岸，娘欲投波澜。我儿哭声惨，声声裂娘肝。

为我儿娘不死挥泪立站，儿名弃悲母子命运相连。

教我儿明尊卑以娘为鉴，怕我儿知身世蒙羞人前。

教我儿好农耕寄娘心愿，喜我儿得稷禾美名流传。

只说娘虽平民苦心稍展，有谁知灭顶灾竟在今天。

姬弃：（唱）才知娘遭谪贬历尽苦难。

（同哭叫）苦命的娘、儿哇！……

姬弃：（唱）痛爷爷和婆婆饮恨九泉，打头人我闯下滔天祸患。

儿与娘伤疮上又撒解盐，此时候纵知悔横祸难挽，母子们抱头哭听命由天。

（内喊）：冀州牧到！

［姜嫄、姬弃同惊。

姬弃：不好！母亲怎么办？

姜嫄：贼头人果然搬来了冀州牧！州牧若将咱娘儿判为他家生口，大料我母子活不过三天矣！

姬弃：索性与贼拼了！

姜嫄：住口！紧要关头，我儿千万禁言，自有为娘应对。

［持械的人役们排列吆喝着上，围住姜嫄母子，头人引冀州牧紧随上。

头人：牧爷，就是她母子，哼！

姜嫄：（忙拉弃同跪）姜嫄母子跪迎牧爷。

冀州牧：怎么是姜嫄？

姜嫄：烝民姜嫄教子无方，才使劣子小而犯上；遵炎黄大礼，姜嫄愿赔黄牛抵罪，请牧爷发落。

头人：不行！俺不要黄牛。请牧爷将她母子判为我家生口！

冀州牧：（拉过头人）我的头人哪！姜嫄虽烝民，毕竟先帝之妃，本牧如将她母子判为你家生口，尧帝不知便罢，倘若得知，漫说俺丢官罢职，只怕我举家性命休矣！

头人：这——在下甘愿以五头牛马奉上，务请牧爷成全。

冀州牧：给我五头牛马？好大的口气！看来你是执意要治死她母子了？

头人：烝民打头人，世事颠倒颠。不治死她母子，这口恶气难咽，不免族人嗤笑。

冀州牧：你乃小阳村头人，何不召集姜氏族人，当众处治她母子，哎！（悄声）吩咐下人用上非刑，她母子纵不死也难得安生矣。

头人：嗨！姜嫄乃先帝遗妃，曾为我姜氏家族争光。俺若非刑处置，那姜氏五老势必群起反对。她又情愿以黄牛抵罪，大不了给个画地为牢之罚，又将奈何？

冀州牧：因之，要假本牧之手为你张威出气了？殊不知那就陷本牧于罪了！

头人：罢罢！在下另添二十头羊奉上，请牧爷权衡。

冀州牧：哼！加上一百头羊也不能冒这个险哟！家族中有越礼者，头人有责处罚，本牧无权干预。（呼）人役们！回。

［冀州牧率人役们下。

头人：（叫）牧爷，牧爷！——哼！……（大吼）我岂能善罢甘休！

姜嫄：（拉弃上前）头人，姜嫄赔了黄牛，再添一瓮稷米，并当众三拜九叩赔礼，请头人与五老商定。（拉弃同跪）头人，我母子再不敢下而犯上了。（抹泪）

头人：嘻嘻！说了个轻松！老子啥也不想要（自小腿上拔出匕首），就想要你的命！（刺向姜嫄心窝）

［姜嫄惨叫一声倒下。

姬弃：（惊呆）啊！（怯怯声）母亲、母亲！……（放声）母亲哪！（扑向姜嫄尸）是，是弃害了你哇！（痛哭）

头人：小崽子！无非仗你娘之势欺压于俺。你娘一死，看你小子还能张狂几天！

姬弃：（愤恨而起）……

头人：怎么不服气？不服气了就再交斗。这一回，（指匕首）这东西可便宜不了你小子！（挥匕首扑向弃）

［头人与弃交斗……弃一脚将头人蹬翻，举起石块砸倒头人，复举起石块……

头人：（重创之下，挣扎着）小哥哥饶、饶命！留，留我一条命，命吧！

姬弃：（泪眼狂叫）母亲，孩儿给你报了仇了！（狠狠砸向头人头部）

［头人嘶叫着毙命。

冀州牧：（内喊）住手，住手！（率持械的人役们奔上）

［人役们围定乏力而卧地发呆的弃。

冀州牧：（见状）天哪！两条贵人之命，这教俺怎生处治哟……（转念）管不了就上呈。人役们！将弃解奔帝都平阳，请司法大臣皋陶大人裁夺！

人役们：是。走！（将弃拉起）

姬弃：（哭）母亲哇！

[切光。

第二场：尧舜得贤

[尧都。尧帝后宫。

（内喊）：大司徒舜求见尧帝！

尧帝声：噢！舜回来了，快快有请。

[典礼官夔应声上。

夔：尧帝圣命，有请大司徒进官哪！礼乐上来！

[古乐起，大司徒舜领二护卫上。同到官门，舜挥手，二护卫即下；宫内，二宫女搀扶年迈的尧帝上。

舜：舜叩见陛下。（跪）

尧帝：哈哈哈……司徒代朕巡狩雍州，视察民生，辛苦自不待言，不必大礼了（搀扶舜起），快快请入席；典礼官看酒。哈哈哈……

[尧与舜入席，夔应声下而捧酒盘复上，宫女斟酒尧舜同饮。

尧帝：司徒！朕虽年迈多病，不便远行，仍常挂念各州各牧民生，速快叙说见闻，以安朕心。

舜：嘿！百感交集，一言难尽也！

（唱）巡狩雍州察民生，都赞升平厌战争。

天下为公成已往，天下为家五教兴。

男牧女织重家禽，渔猎日少知农耕。

改进制陶巧炼铜，皮货玉石做工精。

车水马龙载百货，交换频仍集市增。

千里后土颂盛世，祠庙时传礼乐声。

尧帝：好哇！

（唱）黄河儿女天地精灵，勇敢勤劳智慧无穷。

褪去蛮荒开文明，不枉炎黄企盼情。

舜：（唱）黄河赐福恩情重，黄河怒涛毁文明。

汪洋漂尸神鬼惊，炎黄子孙空繁荣。

尧帝：（唱）历代先帝留遗命，根治黄河济苍生。

朕忙于琐政失轻重，贻误了治黄万世功。

舜：（唱）舜愿请缨承使命，不能治黄任非刑。

尧帝：（唱）朕年迈多病你佐政，另选一贤能治顽凶。

皋陶：（内喊）皋陶求见尧帝！

夔：启禀陛下，司法官皋陶求见。

尧帝：皋陶求见，必有司法大事相商，传出有请。大司徒你我一同听政。

舜：臣遵圣命。

夔：（传呼）尧帝圣命，请司法大臣皋陶进宫哪！礼乐上来！

［古乐起，司法官皋陶上；尧舜出迎。

皋陶：臣叩见陛下；参见大司徒。

尧帝：（挽扶）一同入席叙话。

舜：大人请。

［三人同入席。

皋陶：陛下，冀州牧禀报一头人打死平民妇人，那妇人之子又打死了头人。

舜：交由该州牧官处理，何必上奏。

皋陶：不。那妇人并非常人，乃是先帝遗妃姜嫄。

尧帝：什么，什么姜嫄？

皋陶：臣不敢擅自作主，故而进宫禀告。陛下，司徒请听！（表演示意）

舜：陛下，那个以姜嫄为母的平民，是陛下御弟？

尧帝：这个……记得姜姨娘被贬之时，身怀六甲，莫非正是这一平民？父皇与朕从未与他谋面，何言御弟之称！

皋陶：请陛下定夺，这一平民小子已经绑来待审。

尧帝：此案涉及姨娘，朕当回避。请大司徒代朕审理。

舜：但不知何处审案为宜？

尧帝：就此审案，朕告退了。（二宫女挽扶尧帝同下）

舜：如此，皋陶大人陪审。哎！宫卫们，将下而犯上的平民小子押上来！

［宫卫们应声，随即持械排列，舜与皋陶礼让入席。

姬弃：（内唱）负重罪解京都备受责难。

［一队护卫吆喊着押弃上。

姬弃：（唱）娘为儿遭残杀恨地怨天。含悲愤拖刑枷踏进宫院，任刀剁任斧砍不求尸全。

皋陶：（喊）取了刑枷！

［护卫应声与弃卸刑枷。

皋陶：罪犯跪了讲话。

姬弃：任杀任砍，何必啰唆！（坐地不跪）

皋陶：大胆——

舜：（制止皋陶）权且由他。这一烝民小子，你娘虽为烝民，毕竟先帝遗妃，头人杀害于她，仍为以下犯上；

你为复仇又杀死了头人，他二人可谓一命抵一命矣。可你，死罪可免，活罪难饶，身为烝民，殴打头人，难逃下而犯上之礼。

姬弃：（暗）呀！（唱）乘娘之荫死罪免，热泪滂沱哽喉咽。

舜：为何不言，难道本司徒之判不公吗？

弃：（哭了）我的上官大人哇！（跪）恳求大人先放小人还乡，安葬我娘。

舜：将你处治已毕，即可结案，本司徒自会奏请陛下安葬你娘。我来问你愿以牛羊抵罪还是贬为生口？

弃：大人，可知草民因何殴打那头人？

舜：无论何因，平民打头人，便是越礼！

弃：大人哪！草民遵娘教诲，自幼喜爱稼穑，无意之中，发现稷米可食可餐，索性大胆试种，广送乡邻食用。喜的是十里八方皆赞稷米乃人间美食，求种子者上门不绝。可那头人偏说草民四处招摇，沽名钓誉，自称贤人，小不安分，昨日，借口草民爱管闲事，将俺育种的大片稷禾夷为平地。

舜：噢！

弃：请问，这样的头人该打不该打！

舜：这个！

弃：大人哪！

（唱）慈母遭贬不改愿，一心教儿效轩辕。

说天下为家开盛世，莫忘了民以食为天。

重农耕——丰衣足食百工繁，

靠牧猎——饱腹无几多饥寒。

儿好稼穑成习惯,发现稷米可食餐。

大胆试种赠饥民,造福乡里学圣贤。

头人毁田泄私怨,难道不该吃皮拳。

皋陶:平民不得无礼,跪了回话。

〔姬弃复跪。

舜:(唱)小小年纪有识见,发现稷米非等闲。

久闻姜嫄有女娲风范,看来此说不虚传。

这一小子,本司徒问你,这个稷米与麦稻粟菽相比,它的口味如何?

弃:稷米与麦稻粟菽皆俱油香品质,煮熟之后,使人食之难舍,以饱方休;食后便有身强力壮之感。

舜:看来你也熟识麦稻粟菽了?

弃:嗨!专注农事,何言熟识。漫说犁耧耙磨俺姬弃样样不服于人,就是麦稻粟菽稷的春播、夏管、秋收、冬藏之法,嗨嗨!他人也未必能到耶。

舜:好小子!我再问你,这个稷米可有长于麦稻粟菽之处?

弃:我的上官大人哪!

(念)那麦稻粟菽貌似小草,这稷秆儿粗壮比人高。

凡小草叶儿总细小,稷叶儿宽厚而带胶。

纵久旱不雨仍高傲,稷穗儿硕大颗粒饱。

(唱)种平川或山地皆保丰产,欲推广叹小民美梦难圆。

舜:你可曾带来稷米?

弃：伏罪之身，只能带来刑枷。

舜：那么你一片夸夸之谈，有何凭据呢？

弃：大人可随草民乡里一观，倘有半句不实之言，情愿受非刑一死！

尧帝：（内喊）好哇！哈哈哈……

［夔引尧帝上，二宫女随侍。

（同出席躬迎）陛下。

尧帝：御弟，快快站起来！（扶惊疑不安的弃起身）

（唱）精卫填海有宏愿，不愧黄帝后辈男。

姜嫄姨娘遭错贬，倡导稼穑本不凡。

教子有方堪称赞，朕今主政当纠偏。

漫道盛世礼乐遍，九州饥民仍万千。

知民之急顺天义，要教神州遍农田。

典礼官宣命！

夔：是。（宣）尧帝圣命下！"姜嫄姨娘生前以万民为念，倡导稼穑；教子有方，堪称大家风范，今复封为先帝元妃。御弟弃发现稷米，造福万世，功莫大焉！封为大司农并复赐姬姓。冀州小阳村头人，杀害先帝元妃，罪在不赦，举家贬为生口。钦此。"

（同）陛下圣明。

弃：（泪下）母亲哇母亲，尧帝恩重如山，你就安息吧！

（同上前）与大司农恭喜。哈哈哈……

弃：（拱手）多谢了！也算了却生前身后事哇！（抹泪）噢！姬弃愿与尧帝永效犬马。（伏跪）

尧帝：哈哈哈……（挽扶）大才当大用，站起来。皋陶听命！

皋陶：臣在。

尧帝：即刻传知群臣进宫议政，商讨治理黄河事宜，误时不到者斩。

皋陶：领圣命！（下）

尧帝：大司徒听命！

舜：臣在。

尧帝：立即派人晓谕九州各牧各家首领，教他们各自选派百名农工，十日后会集冀州汾水之滨，黄土山下，听由大司农教民稼穑，学种稷米，然后推广天下。

舜：领圣命！

合唱：男儿壮志酬。

姬弃：（激动）姬弃不辱使命！（伏跪）

尧帝舜：（同）哈哈哈……

［切光。

第三场：教民稼穑

［冀州。黄土山下，汾河之畔；红日高照，万木葱绿。

舞蹈

遍野庶民耕耘，姬弃教民务农，小玉教妇人织麻纺线……山头，尧帝与舜及臣工们巡视着，喜悦而笑。

（伴唱）黄土山下汾河畔，满川遍野务农田。

教民稼穑有姬弃，东奔西忙做示范。

红日落山夜色暗，松明照亮汾河湾。

姬弃树下讲稼穑，一片男女静无言。

讲稼穑，声宏远，唤醒八方民万千。

神州全民齐农耕，丰衣足食尽欢颜。

啊……啊……啊，尧天舜日称盛世，教民稼穑功配天。

[台灯渐息。

第四场：尧舜禅让

[距前场十八年后。

[尧帝后宫。尧帝之子丹朱身着便装，带兽面具率一队同带兽面具的宫卫暗上，他们持短刀巡察着。

丹朱：（悄声）埋伏了！

[众宫卫悄声应，同隐下。

夔：（内喊）尧帝圣命下！

[尧帝寝宫。衰老负病的尧帝倒卧台席呻吟着，二宫女随侍，捧茶摇扇。臣工们有大司徒舜、司农姬弃、皋陶、伯益，他们闻声即上。

众臣工：陛下。（齐伏跪于下端）

夔："朕受兄王之托，一十六岁登极，执政七十载，如今年迈多病，耳聋目眩，已不堪政务矣。自今日始，退避帝位，由大司徒摄政，代朕践行帝业。择日举行禅让典礼。"

众臣工：（大震）啊！

夔："司徒虞舜，孝道撼天动地，已成美谈；以五教治家，天下效从；行政百揆事务，诸事俱兴；且能辟四门，达四聪，以宾礼迎贤纳言，使八方崇敬四海归心矣。虞舜多年佐政心存天下，帝位非他莫属矣。"钦此。

众臣工：陛下主政，仁德如天，知之如神，望之如云；富而不骄，贵而不舒。于今九族亲睦，庶民昭明，合和万国，皆赞盛世，陛下不愧一代圣帝矣。

（同）陛下。司徒虞舜深孚众望，由他继位陛下慧眼，臣等遵命。

舜：陛下哇陛下！虽早有所闻，仍似石破天惊，虞舜诚惶诚恐，无地自容矣！（不住抹汗）

姬弃：难得哪难得！难得陛下不以子嗣传位，竟以贤能禅让，此仁德空前，辉映日月，万世流芳。

尧帝：（呻吟起坐，二宫女相扶）咳！有多人要朕传位于儿子丹朱，说甚么朕共十余子，独丹朱从政，唯丹朱开明矣。朕言道，丹朱不肖，乃一凶顽之徒矣。丹朱闻言，找朕哭诉。朕不得不说道，自朕执掌帝业以来，深知天下更比皇室重。若传位于你，你一人得利，天下遍苦，传位虞舜，你一人虽失利，则天下之大幸，父皇怎能不顾天下而成全你一人呢？

众臣工：陛下英明，大可比炎黄矣！

丹朱：（内喊）呔，护卫们！杀死虞舜，每人牛马十头，生口升为平民，杀哇！

［喊杀声一片。

众：（惊）啊！

夔：（喊）宫卫护驾拿贼！（对尧帝）陛下暂避！（尧帝下，宫女随下）

姬弃：司徒随我来！（拉舜逃）

［皋陶、伯益惶惶逃下。

〔丹朱率护卫围定正逃的舜和姬弃……

丹朱：篡贼哪里去！上！

姬弃：叛贼大胆！（护舜而受伤）哎哟！来人哪！

〔众宫卫应声执戈围上；姬弃借机拉舜下，官卫们与丹朱一伙交杀……丹朱一伙寡不敌众，有的被杀，有的逃走，只丹朱与少数被擒。

宫卫们：（报）拿住贼首！

〔众臣工赶上。

姬弃：嗨嗨！小小泥鳅，岂能翻浪哟。

众臣工：哈哈哈……无异飞蛾扑火，螳螂捕蝉哟。哈哈哈……

姬弃：（上前扯下丹朱面具一惊）怎么，是丹朱！

众臣工：（惊疑）丹朱？

丹朱：你们听着！虞舜继位，悖逆先帝大法，臣工们，驩兜，共工、三苗一伙不服，九族首领皆不服；今日杀了俺丹朱，热闹就开锅了，哈哈哈……

众臣工：（面面相觑）这……

丹朱：（悲伤地）父皇哇父皇，是你老糊涂了，（不住跺脚）千古遗恨哪！

〔一声伴唱：暴风雨来了！

众臣工：（呆若木鸡）……

〔切光。

第五场：力挽狂澜

（内同唱）：风雨尧都雷电惊。

〔黑夜舜府，厅柱上灯光闪烁不定；虞舜、姬弃、皋陶、伯益，如热锅之蚁，来回踱步。

皋陶：乱了，乱了，凡事都一团糟矣！

伯益：天哪，怎么说乱就乱，乱得这么快哇！再如乱下去，俺伯益就回老家绛地务农，何必这般煎熬矣！

皋陶：唉！你胡讲什么哟！

夔：（内喊）报——！（奔上）启禀大司徒。

舜：快讲！

夔：驩兜、共工、三苗、鲧他们黑夜进宫，要见尧帝。

舜：噢！这个鲧也赶来了？

姬弃：尧帝是何主见？

夔：是俺守住宫门，言道"尧帝病势沉重，接连两夜未眠，适才初睡，不得打扰"，将他们一伙拒之宫外。

舜：嘿呀！这话回得好。

姬弃：回得妙哇！

舜：速去照料尧帝，有事即刻通报。

夔：何待叮咛。告辞了！（返身下）

一护卫：（内喊）报——！（奔上）启禀大司徒。

舜：不必絮叨，讲！

一护卫：九族首领，各率护卫，高举松明，直奔京都汾河岸，大料定有所为。（复下）

舜众：（惊）啊！（同唱）杀机四伏露狰狞。

伯益：大司徒，怎么办？

皋陶：哼！国有五刑，除奸惩恶；待俺前去宣告，敢造反者，难免大辟，子孙永为生口！（欲去）

舜：慢！岂不知法不治众，只怕你此行只会火上泼油，推波助澜矣！

姬弃：是哇。皋陶从容，万不能再添乱了。伯益过来，府库现有稷米万石，立即派人押送于汾河岸边，当场分送于九族首领，就说此乃大司徒美意。

舜：好主意！皋陶过来，你亦同去，就说虞舜随后即送各首领驷马高车，以慰守职之劳。

甚好，甚好！皋陶切记，说大司徒一再捎信，帝位可禅让，家族仍世袭。

噢！使他们永保既得权力！明白了，明白了！哈哈哈……（同下）

舜：大司农真乃深谋远虑。

姬弃：这也是不得已而为之，我的大司徒哪！尧都一场恶战正在酝酿。臣工们谁胜谁败事小，怕只怕乱局之下，九州首领们借机再起刀兵，复仇争地，那就势必天下大乱，烝民遭殃。先帝们开创的文明若毁于今朝，就永难延续；我辈岂不是千古罪人矣！

（唱）你我纵掉头何足论，天下的安危重千钧。

今日里禅让臣工震，都为保权力暗耽心。

那双目似猎觅投靠，篡国贼乘机哭先尊。

朋党们争闹京都乱，各地的首领展野心。

强肉弱食称正义，血腥遍野苦烝民。

炎黄重联盟得文明，今毁于谁手是罪人。

舜：（唱）他字字如玉发人醒，将罪人功臣分得清。

俺一心为民谋新政，却忽视乱局祸无穷。

今身负帝托知轻重，敢力挽狂澜任死生。

转面来，问司农，你有何良策治太平。

姬弃：（唱）亘古人心求一统，胜者为尊败者轻。

早行禅让人心定，纷争之势顿安宁。

舜：（唱）虽说虞舜得天命，陛下仍恋父子情。

曾言帝位传丹朱，使俺难展治国胸。

姬弃：（唱）禅让已毕心一横，父子同囚分西东。

舜：（唱）使乱党无主威难逞，也只得隐忍收刀兵。

姬弃：（唱）丹朱一党齐流放，空缺之位任贤能。

舜：（唱）俺祖籍家族声威重，将京都迁往蒲阪城。

姬弃：（唱）新天新地开新政，以农为本重民生。

舜：（唱）开新政，勿硬行，不禁牧猎奖农耕。

姬弃：（唱）五教安家民风正。

舜：（唱）以德治国重五刑。

姬弃：（唱）臣工权力要确定。

舜：（唱）大建队伍筑堡城。

姬弃：（唱）你可知当务之急——

舜：（唱）布兵尧都防暴动。

姬弃：（唱）还须要善待臣工和首领——

舜：（唱）不吝封赏广联盟。

姬弃：（唱）看它日——

舜：（唱）帝业定。

姬弃：（唱）和合万国——

舜：（唱）奔文明。

（同唱）尧天舜日永赞颂，

姬弃、舜：奠基文明万世功。

为我神州更强盛，

不计生死争输赢。

坦坦荡荡对黑夜，

说说话话大天明。

（同上前）呔！下边听着！分头晓谕群臣和各家首领，今日汇集尧帝宫前，开坛设祭，正端午时，举行禅让大典！

［众应声，撤走。

［尧帝宫前，禅让台高耸，龙的图腾高垂，两侧分布青龙、白虎、朱雀、玄武大旗，尧与舜高台并坐，身边姬弃、夔等肃立，眼前身下祭案上有祭猪和牛头、马首，案前大陶鼎火炎熊熊，两侧层层卫兵们高举松明、执戈排立；台下的群臣和首领们挨次成行，行三拜九叩大礼；礼毕，群女"巫师舞"过场，随后群男"百兽舞"过场。

（上前宣）午时三刻到，行禅让大礼！

弃、夔：［舜下位拜尧已毕，尧卸帝冠交与舜，舜登位，尧下拜……

（齐呼）舜帝万岁！舜帝万岁！（参拜舜）……

众：（齐呼）舜帝万岁！

舜：（起立）迁都蒲阪！

（随呼）迁都蒲阪！舜帝万岁！（参拜舜）……

众：（应）迁都了！

［切光。

第六场：荐禹治水

（内喊）：舜帝圣命下！将乱臣驩兜解职，贬为生口，流放于荆州崇山！

二卫兵：（内呵斥）

[执械的二卫兵推搡着披刑枷的驩兜上。

甲卫兵：驩兜，昨日你将我一家贬为生口，想不到你也有今天。哈哈哈……

乙卫兵：装什么可怜，给我走快点！（执械赶打）

[二卫兵押驩兜过场。

（内喊）：舜帝圣命下！将乱臣共工解职，贬为生口，流放于幽州幽陵！

[二卫兵押共工上。同过场。

（内喊）：舜帝圣命下，将乱臣三苗解职，贬为生口，流放于雍州三危！

[二卫兵押解三苗上。

二卫兵：三苗，我们念你一向善待生口，一路之上，会照料好你的。请慢行。

三苗：多谢了！（回头望远）儿哇，托你照料你娘了！照料好多病的你、你娘哪！（揩泪）

[二护卫押解三苗过场，同下。

内喊：舜帝圣命下！将妄图篡政的丹朱解职，流放于豫州丹水，由大司农护送关照！

[丹朱与姬弃并上，娥皇与女英后随，二护卫监而跟随上。丹朱、娥皇、女英同哭。

丹朱：叔父！侄儿怎么也想不通，姓姬的不能为自家

人谋利，偏要为他人争帝位，为什么？为了什么？（哭）

姬弃：（与丹朱揩泪）侄儿哇！只要以国泰民安为念，慢慢就会想通的。

娥皇：（捧衣上前）兄弟，这是舜帝心爱的丝绸衣一身，送于兄弟作念。

［丹朱点头收衣，转交二护卫。

女英：兄弟，这是舜帝赐姐的玉制朱雀玄武送与兄弟佩带，以保平安吉祥。

丹朱：二姐姐骨肉情重，小弟心领了！（伏跪，被娥皇、女英搀扶起）

姬弃：娥皇、女英！你姐妹回宫侍奉舜帝去吧。丹朱有俺姬弃护送，只管放心。到了丹水，安排好他的食宿，姬弃才得回京复命。少不了，还要向二位公主禀报详情。

丹朱：二姐姐该回了！

娥皇、女英：兄弟多多保重！（抹泪同下）

［姬弃与丹朱礼让并行。切光。

［冀州蒲坂，舜帝京都。

皋陶：（内喊）走着！

（上念）羽山擒住鲧，

蒲阪报帝知。

皋陶启禀舜帝陛下。

舜帝：（内声）速报详情。

皋陶：臣领圣命，率人奔赴青州羽山，现已将鲧擒回。

舜帝：好。押上殿来！

皋陶：是。咴，护卫们！将罪臣鲧押上殿来。

〔景现舜帝宫殿。舜帝高座、侍卫们拥立，群臣列班。

鲧：（内唱）众家盟友尽遭贬。

众护卫：（内喝）走！（押解披刑枷的鲧上）

鲧：哼！（唱）亡命青州霸羽山。

纵情兽舞听萧韶，

嚼肉举杯不夜天。

皋陶设伏未防范，

醉卧被擒顿狂颠。

仇恨如炽进宫殿，

无非流放到荒蛮。

皋陶：罪臣跪了回话！

鲧：你算什么东西！

舜帝：鲧你可知罪？

鲧：有什么罪？纵然有罪，俺乃先帝重臣，料你不敢动用五刑！

舜帝：三次差人调你回京，因何抗命不还？

鲧：回京难免被贬流放。

姬弃：住口！陛下命俺专程会你，表达圣意。是俺一再扬言——

（念）罪臣之中鲧别论，

九载治水有苦辛。

今若治水见大效，

重封大赏誉功臣。

舜帝：你既知朕意，何言被贬流放？

鲧：哈哈！只怕良言偏多诈。

舜帝：诈在哪里？

鲧：回京商议治水之策乃假，将俺流放蛮荒为真。

舜帝：真乃贼人多贼心。你应知朕号令天下，岂能对臣工言而无信？

鲧：俺只晓帝位传子，天经地义，臣民自服，如今下臣僭位，毕竟人微言轻，岂能信服哟。嘿嘿……

舜帝：（冷笑）哼哼哼……好哇！朕今这道圣命，教你服也得服，不服也得服。宫卫们！将九载治水、碌碌无为的鲧立即斩首，合家贬为生口！

〔鲧与众皆惊。

众臣工：陛下从容！（皆躬）鲧虽出言不逊，然，黄帝以来尚无斩臣工先例。

舜帝：住口！朕今执掌帝业，无有王权，怎尽王责，不能治臣，何以治民？

姬弃：（上前）宫卫们！不得悖抗圣命，将治水无为，下而犯上的乱臣鲧立即处斩！

皋陶：押了下去！

鲧：（叫）天哪！

〔忽而，鲧的儿子大禹吆叫着奔上。

大禹：（叫）爹爹啊……

鲧：（同吆叫）儿哇！大禹！……

〔卫兵们持械力阻父子相会，鲧被卫兵们扯下斩首，大禹昏倒。

大禹：（昏唱）痛爹爹抗大势不听劝阻，（渐醒而伤

痛）

悲家人从此后永为生口。

俺大禹为公子如何屈就，

寻生路讨治水破浪一游。

[舜帝向姬弃询问大禹……

皋陶：呔！乱臣之子，已为生口，私闯宫殿，大法不容，来！将大禹拖下去施以墨刑。

大禹：慢！俺要治水。

舜帝：什么？

大禹：大禹要治水！

舜帝：哈哈哈……人言你父贼人多贼心，可你又狂徒发狂言，真乃子如其父哇哈哈哈……

（正色）拖了下去！

姬弃：且慢！口出狂言，可知你父治水无为，错在哪里？

大禹：他只知高筑堤坝，拦截堵塞，反使洪水四溢横流，仍然为害。

姬弃：何为治水良策？

大禹：滔滔洪流，神鬼难挡；只有疏通积淤，拓宽河道，堵塞支流，导水归海，才能不为其害。

姬弃：你父治水，一味拦截堵塞，尔为何不劝导于他？

大禹：咳！爹爹一向妄自尊大，刚愎自用，为人子者多次劝导遭骂，反落个小不安分，只得后退。

姬弃：明白了。你且偏殿候命，等待发落。

大禹：恳求司农驾前多多美言，以成全大禹，恩同再造哪！

姬弃：不必多言。下去！

大禹：是。（暗）苍天保佑哇！（下）

姬弃：陛下！适才大禹之言可曾听见？

舜帝：司农有话便讲。

姬弃：我的陛下哪！

（唱）为治水人选愁加愁，忽一道清风扫千忧。

大禹是鲧子熟水路，论治水方略实难求。

有心人治水必成就，俺保荐大禹治孽流。

舜帝：（唱）论治水见识惊少有，怕只怕子报杀父仇。

若命他治水为魁首，会不会聚众乱神州。

姬弃：（唱）谁不遵蒲阪为帝都，纵几个小虾难翻舟。

鲧治水无为被斩首，又连累举家为生口。

禹讨命治水把家救，敢戴罪立功功必收。

这样的人选哪里有，又何必多心费思筹。

舜帝：（唱）老司农之见解疑窦，大决策面前有奇谋。

不愧为虞舜好帮手，朕从善如流立回头。

姬弃：（唱）如不然姬弃来扶助，俺包揽供给亦监督。

舜帝：（唱）你白发苍苍怎奔走？派伯益帮衬三聚头。

姬弃：（唱）喜今朝大业安排就，看来日黄河永东流。

舜帝：（传）大禹上来，大司农，伯益听命！

［大禹奔上与姬弃，伯益同伏跪。

大禹、姬弃、伯益：（同应）臣在。

舜帝：大禹封为司空前往治水，大司农、伯益辅佐，同操治水大业。

三人：臣大禹、姬弃、伯益不辱使命！

众臣工：舜帝万岁！

［伴唱：不负天下托。

［切光。

第七场：巨星陨落

［距前场十三年后。

［舜帝后宫。

（内喊）：司空大禹、朕虞伯益求见舜帝！

舜帝声：嗨呀，朕的功臣回来了！礼乐相迎。

［舞台一侧，负镢头的民工们上而侍立，二卫兵搀扶大禹、伯益相随上。

舞台另侧，宫人、宫女拥舜帝上。

大禹：（哭叫）陛下哪！（扑跪于舜帝脚下痛哭，伯益亦跪而哭）

舜帝：哈哈哈……司空以疏导之法，终使黄河顺势东流，为此，十三年以来，三过家门而不入，真乃功德无量矣。纵有失闪，过不掩功，何必泣哭，快快请起。

大禹：（挥泪）不！大禹最知内情，治水之功，首推司农！

伯益：（上前）司空之言不虚，大司农（哭了）功莫大焉！

舜帝：哦？你们、你们这是何意？

大禹：我的陛下哪！年迈多病的大司农他、他累死在黄河岸边了哇！

舜帝：（大惊）啊……（终于哭出、不住跺脚）举国祭奠哪！

合唱：啊……啊……啊……

［切光。

尾声：万世流芳

众：（内悲叫）大司农，安息吧！

［冀州黄土山下。山巅后稷墓，墓前后稷塑像屹立。舜帝披麻戴孝率臣民祭奠。

一片雪白。

舜：（唱）你劳累一生应知歇缓，送你回黄土山厚葬安眠。

为永志稷米你发现，为永志教民稼穑功配天；

朕封你后稷君位显，黄土山更名稷王山。

众：（唱）你发现稷米五谷全，如今芳香满人间。

你教民稼穑乘民愿，民丰衣足食念圣贤。

稷王山落土化泪点，汾河水失魂暗呜咽。

舜：（唱）禅让际杀机四伏国将乱，你心系万民挺身而出挽狂澜。

不动干戈血未溅，化险为夷惊魂安。

你举才不忌仇和怨，好似大海纳百川。

除奸总将功业怜，好一似大海纳百川。

众：（唱）宁可家中丧父母，不愿改朝换新班。

天下太平民之盼，治世的功臣恩如天。

稷王山落土化泪点，汾河水失魂暗呜咽。

舜：（唱）你请命辅佐大禹治水患，察水势夜风飘须守岸边。

姞夫人携儿女哭闹宫殿，她告你十余年不回家园。

众：（唱）大禹治水永流传，后稷辅佐功并肩。

中华儿女敬功德，你的英名永驻人间，我们世代朝拜稷王山。

［齐跪。幕徐徐闭。

——剧终——

附录四　黄建中《后稷大传》（草稿）节选

【笔者按】黄建中在《后稷大传》中列举了学界解释后稷被弃的 17 种原因并加以评述，他认可"不哭说"和"怪胎说"两种说法，建议雷平良在修改蒲剧《后稷传》时，以这两种说法为依据。

《后稷大传》第二节原文如下：

我们中国人自古以来极端重视血缘的继承，孟子指出："不孝有三，无后为大。"后稷是中华民族始祖黄帝的五世孙、喾帝的儿子、尧帝的兄弟，但是他出生后却被自己的母亲、喾帝的正妃姜嫄抛弃了，后来才又捡了回来。这在当时是了不得的一件大事，不要说像后稷这样的家世，就是平民百姓，谁又舍得把自己的孩子抛弃掉呢？这到底是为什么？后来后稷的子孙周武王灭掉商朝统一全国，建立起声威赫赫的周朝，周朝先祖后稷幼年时的这一特殊经历更加引起了人们的关注和研究。千百年来先后有众多学者对此进行研究，提出了后稷被弃的 17 个原因。现将各种说法一一分析如下：

（1）贱弃说。有学者提出，后稷被弃是因为他是一个野孩子，只知其母不知其父，被人贱视。这个说法不能成立。后稷的身世是非常清楚的，他的五世祖是黄帝，父亲是帝喾（高辛氏）。帝喾是黄帝的曾孙、玄嚣的孙子、蟜极的儿子。在后稷出生前帝喾已经生有尧帝和尧的兄长姬挚等几个儿子，后稷是尧的弟弟。以前说后稷出生时我国还处于母系氏族社会，所以后稷无父，这种说法是不能成立的。我国母系氏族社会在后稷出生时早已结束了。自黄帝已来，我国已经确立起父系氏族社会。自黄帝到后稷已经五代人了，怎么能说是母系氏族社会呢？因此这一说法不能成立。

（2）遗腹子说。有学者认为，后稷出生时其父帝喾已死，姜嫄唯恐他人怀疑后稷的血统纯洁性，所以被弃。根据现有的资料来看，可以断定在后稷很小的时候，父亲就已去世了。因为后稷的哥哥尧帝登上王位时才 16 岁，而这时尧的哥哥姬挚在位已 9 年了，也就是说尧 7 岁时已失去父亲。后稷作为尧的弟弟岁数只能更小些。但是要说有人怀疑、诬陷以致欺辱姜嫄母子，也不尽然。因为后稷的母亲姜嫄是帝喾的正妃，而帝喾去世后，他的大权并未旁落，而是由他的两个儿子姬挚和尧相继执掌。虽然姬挚和尧是帝喾其他妃嫔所生，但在伦理上姬挚和尧必须把姜嫄也当作母亲来对待。姜嫄以前是天子夫人，现在是天子之母，谁敢冒天下之大不韪去欺辱她？因此这一说法似不成立。

（3）难产说。有学者认为，后稷是姜嫄难产所生，被视为不祥之兆，因此被弃。根据《诗经·生民》所载，此说不能成立。《生民》中说后稷的出生"先生如达，不坼不副"，非常顺利，并不存在难产的问题。再说难产的孩子，因为出生不易，更值得长辈珍爱，哪里会因此而抛弃呢？

（4）易生说。有学者认为，后稷是姜嫄的第一个孩子，却生产顺利，所以感到不吉祥，因此抛弃。根据《诗经·生民》所载，后稷出生确实非常顺利，像小羊降生一样来到人间。在古代缺医少药又不能做手术的情况下，孩子顺利降生，是人们求之不得的好事，哪里会因顺生反而抛弃呢？再说人的身体强弱差别很大，头胎生子顺产易生也是常见的，这怎么会成为罪过呢？

（5）避乱说。有学者认为，后稷出生时遭逢动乱，姜嫄逃难时不得已抛弃后稷。按《史记》《诗经》以及先秦诸子学说中的记载，此说不能成立。帝喾去世后，他的儿子姬挚和尧帝先后当权，历史上并没有记载这期间有什么大的动乱或战争，而且姜嫄并不是把孩子一抛了之，而是先后抛弃在隘巷中、山林中、冰池中。如果是要逃难，还顾得上这样转来转去吗？

（6）早产说。有学者认为，后稷早产，姜嫄认为不吉利又难养，因此抛弃了事。此说不能成立。《诗经·生民》中明确指出后稷是足月出生的，并非早产儿。再说早产的孩子也很常见，只要还有一线希望，长辈就要千方百计、竭尽全力进行救护抚育，怎么会把还活着的小生命抛弃呢？

（7）速孕说。有的学者认为姜嫄受孕既神秘又不合理，所以把生下的孩子抛弃了。根据《诗经》来看，姜嫄在怀后稷之前，曾进行过祈子活动。古代科学不发达，人们有着浓厚的迷信思想。虔诚地向上天进行祈祷，请求上天赐予孩子，是常有的事情。姜嫄生后稷时已 40 多岁，在此之前进行祈祷求子是理所当然的。怀上后稷后，她会认为自己的祈祷获得了上天的肯定，上天受到了感动，终于赐给了她孩子，她感谢还来不及呢，怎么会因此而抛弃孩子呢？当然实际上并没有上天、没有神仙，但是对信众来讲，祈祷后精神上可以放松些，有利于缓解焦虑的情绪。从医学上讲，这种客观情况倒是有利于怀孕的。

（8）晚生说。有的学者认为姜嫄怀孕时间过长，远远超过一般孕期的正常期限，生下后稷后视为不吉利，因此弃之。按《诗经·生民》说后稷是足月生产，所以晚生说不足为凭。从医学上讲，孩子超过一般孕期，出现晚生也较为常见。现代条件下，为了母亲和孩子的安全，可以采取手术。但在古代不能手术的情况下，只能等待自然分娩。相反，古人认为孩子晚生是大吉大利的。尧帝 14 个月才出生，《史记》专门记载了这件事，作为尧与众不同、是一位伟大人物的证据之一。汉武帝的儿子汉昭帝也是 14 个月才出生，汉武帝很高兴，认为自己的儿子将来会和尧一样伟大，特地把汉昭帝母亲勾弋夫人所住宫殿的大门命名为"尧母门"。因此后稷如果晚生的话，姜嫄应该感到高兴才对。因为从古人迷信的观点来看，这预示着这个孩子将来会和他的哥哥尧一样伟大，高兴还来不及呢，怎么会抛弃呢？

（9）假死说。有学者认为，后稷出生时没有气息，处于医学上的假死状态，所以只好抛弃了。

（10）不哭说。有学者认为，后稷出生后不会哭，恐难以成活，因此弃之。

（11）怪胎说。有学者认为，后稷生下时"先生如达，不坼不副"，很有可能和哪吒出生时一样，好像是个怪胎，不抛弃不行。这种情况很有可能。后稷出生时全身为一层肉膜所覆盖，出生后没有像一般婴儿那样啼哭，有点像肉球，姜嫄以为是个怪胎，只好弃之。这种情况从医学上讲，现在叫"蒙头衣"。孩子出生后，身上为一层肉膜所包裹。古人迷信，认为是怪胎。其实只要撕开这个膜，孩子就出来了。哪吒出生后，他的父亲认为是妖怪，用宝剑挑开后才发现不是妖怪，是个孩子。后稷很可能是这种情况，因为《诗经·生民》中讲，把后稷扔在冰池上后，有群鸟来临，可能是鸟儿啄破了肉膜，后稷才出来，然后哭了起来。《生民》原文为："鸟乃去矣，后稷呱矣。"这时姜嫄一看真是个孩子，不是妖怪，这才赶忙抱了回去。如果真是这种情况，后稷出生时被困于蒙头衣中，好像一个肉球，呼吸困难，不能哭泣，形同假死，都可以讲通了，或许这才是最接近于历史真实的情况。

（12）阴谋说。有学者认为，后稷出生时，有人认为这是上天给周部落降下的灾难，所以姜嫄视为不祥而弃之。这一说法在历史上找不到根据，属于臆测，难以成立。因为后稷出生后既然被视为灾难而抛弃，为什么后来又捡了回来？

（13）轻男说。有学者认为，当时属于母系氏族社会，男孩不被重视，因此后稷出生被弃。前文已经说过，后稷出生时我国早已进入父系氏族社会，此说不能成立。并且既然轻男，可为什么抛弃之后又捡了回来？

（14）杀嫡说。有学者认为，在父系氏族社会和母系氏族社会交替的时代，本氏族的人拿不准娶来的别的氏族女子所生的第一胎孩子是否为本氏族的后代，为了本氏族血统的纯洁，所以杀掉或抛弃掉第一个孩子。此说不能成立。后稷出生时父系氏族社会已确立很久了，不会存在这种情况。况且后稷的哥哥尧也是他父亲帝喾的另一个妃嫔陈氏生的第一个孩子，并没有被抛弃或杀掉。如果要杀嫡子或抛弃嫡子，那后来又捡了回来该怎样解释？

（15）触忌说。有学者认为，后稷出生的那个日期可能不吉利，像后来齐国孟尝君出生在五月五日被视为忤逆不孝之子一样，因此被抛弃了。这个说法不能自圆其说，如果后稷出生日期不吉利，以后可能是个危险人物，那被抛弃之后就不会再捡回来了。

（16）神迹说。有学者认为，姜嫄是踏了神迹（就是那个大脚印）才怀上后稷的，因此后稷是天神下凡，人间不敢留，生下来后被抛弃了。从科学上讲，没有什么天神下凡，妇女不管踩什么都不会怀孕，别说是脚印了。在古代迷信盛行的时候，天神下凡的人是不能惹的，人们顶礼膜拜还来不及呢，谁敢把他抛弃呢？再说后来又捡回来，不怕遭报复吗？因此此说不能成立。

（17）犯禁说。有学者认为，后稷之母姜嫄在受孕前后做了违背宗族规范的事，所以生下的儿子要被抛弃。这个说法难以成立。因为既然违规被抛弃，那么后来为什么又捡回来呢？这时就不违规了吗？

综上所述，（9）、（10）、（11）三种说法有些道理，能讲得通。这个问题涉及很多方面，值得大家讨论，欢迎大家各抒己见，以期最终形成定论，揭开后稷出生时这一传奇经历的真相。①

---

① 黄建中：《后稷大传》草稿，第37~41页。

后记一

2010 年 4 月，我慕名投奔到曹书杰老师门下，此后开始了后稷传说研究的"从文献到田野"之旅。在后稷传说的文献学、历史学研究方面，曹老师的《后稷传说与稷祀文化》一书已经是里程碑之作。曹老师强调后稷传说的整体性研究应该遵循文献解读与实地调查相结合的研究路径，并根据我的学术背景作出安排，让我赴后稷传说区域进行田野考察。

参加过田野考察的学者对田野寂寞之旅都能深有体会，独自一人，走向异乡的历史现场，踏勘史迹，采访耆老，搜集文献与传说，进行"化陌生为熟悉"的艰苦访谈，从而引发兼具"历史感"与"现场感"的学术思考。当然，田野寂旅恰恰又是收获之旅，置身于上古传说人物活动和历史事件发生过的具体区域之中，切身感受后稷文化圈的风俗民情，了解后稷传说知识生产过程中的种种复杂关系，在这样的场景中阅读文献，聆听传说，自然而然地能感受到后稷传说传承绵延的生命力。

在田野调查中，我始终保持一种自觉，即当地文化持有者的口述资料并不会比官修史书更接近事实真相，这样

可以更深刻地理解后稷传说的异文现象。在具体地域的
"地方性知识"与"区域文化"的创造与传播机制中，许
多"地方性知识"都是在用对"过去"的建构来解释"现
在"的地域政治与社会文化关系。总的来说，结合实地调
查可以发现，后稷文化圈的岐山县、武功县、稷山县等地
的文化持有者所反映的空间观念和地域认同意识是在不断
变化的，后稷传说的传承与变异即蕴含其中。

在已完成的章节中，我重点对后稷感生传说进行了
"小题深做"，而没有对农业事功传说部分展开研究。作为
非物质文化遗产项目的后稷传说在大传统层面重点强调农
业事功传说的价值，在非物质文化遗产领域，关于后稷的
"地望之争"更为激烈，山西境内的稷山县与闻喜县都将
后稷传说申报为省级非物质文化遗产项目。坐落于稷王山
麓的闻喜县郭家庄镇冰池村，被认为是姜嫄弃后稷的水池
所在地，于是稷山县的地方文化学者在创作的《农祖后
稷》蒲剧剧本中就回避了后稷"三弃三收"的神奇出生情
节，将稷山县小阳村作为姜嫄故里。

田野之旅亦是人生之旅。从田野调查伊始，再到整理
材料，撰写成文，其间获得了诸多朋友与老师的帮助，在
此需要一一致谢。他们分别是：籍贯为陕西岐山的我的同
学王新民；山西大学的段友文教授、卫才华老师；晋中学
院的黄娟娟老师；宝鸡文理学院的赵德利教授、王渭清老
师；岐山县纪委的范博通先生；武功县团委的张利娟书
记、韩萌先生、程刚先生；武功县文化馆的黄权中研究
员；稷山县作家协会的黄建中老师。东北师范大学的杰出

校友、时任岐山县委书记的孙毅师兄在整个田野调查过程中给予我大力支持，在此一并深深致谢。

傅道彬教授、高长山教授、张恩普教授、曹胜高教授等都为本书的写作提出了许多中肯的建议；在本书的写作与修改阶段，导师曹书杰教授从理论框架到具体的段落，甚至标点符号与论文格式，都仔细认真地予以指点。行文至此，回首往事，感慨颇多。恩师"诚信从事、道德文章"的师风让我受益匪浅，学生自当以诚恳为人，忠信从事，以志清立身自勉，以经世济民为终身之志，有所成就，不负师恩。

诚心而言，拙文尚有诸多缺陷，我虽搜集并复印了大量县志等地方文献资料，但并没有充分利用；后稷殿、姜嫄殿的古代建筑所构成的物象叙事等问题亦没有深入展开；作为非物质文化遗产项目的后稷传说如何传承等很多值得探讨的问题还停留在构思与酝酿阶段。

在博士后出站的答辩环节中，吉林大学的王树海教授、徐正考教授、沈文凡教授，黑龙江大学的刘东影教授都提出了中肯的建议，让我颇受启发。本人的后稷传说研究就像一颗种子，不同语境下的后稷传说讲述者、不同学科的学者的建议与批评，都在为这颗种子施肥、浇水，只有让这颗种子结出果实，才是对大家最好的回报。

深深感谢所有支持和帮助我的老师和朋友。

王志清

2013 年春　记于鞍山农牧小屋

后记二

本书是我 2013 年春季博士后出站的博士后研究工作报告，在列入"三峡学者文库"、获得重庆三峡学院中国语言文学重点学科资助出版之际，我仅对书稿中的个别字句进行了修改。当然，没有进行大的改动并不意味着本书是我的满意之作，并非敝帚自珍，认为无可修改之处，只是我试图保持当时博士后研究工作报告的原貌，保留我在彼时彼刻的所思所想，保留当时我对史料研究与田野调查的"感受民俗学"（刘铁梁老师语）之多重感受，从而回顾对比见证成长的轨迹。

我于 2003 年在辽宁大学攻读硕士学位，其间导师江帆教授曾介绍民俗学家钟敬文先生的读书经验：不同阶段的读书体验宛如撞钟，或为草棍，或为木棒，或为金槌，唯有金槌撞钟时才是黄钟大吕。多年一路走来，读书体验确如恩师所言。博士后研究工作报告撰写结束已近 7 年，关于后稷的研究话题始终萦绕于心，也做了一系列延伸性的工作，偶有金槌撞钟之感，便将书中的部分段落进行修改发表于各类专业刊物，现将已经发表的论文按时间排列如下：

《忌讳型"潜在民俗"的民俗志书写策略——以多元记忆的周公庙"撺香头"祈子习俗为例》(《广西民族研究》,2013 年第 3 期)

《后稷风物传说的社会史内涵》(《中原文化研究》,2013 年第 5 期)

《释读陕西地区后稷风物传说中的专名现象》(《民族艺林》,2013 年第 3 期)

《从后稷感生神话到后稷感生传说的"民俗过程"——以旅游情境中的两起故事讲述事件为研究对象》(《青海社会科学研究》,2014 年第 6 期)

《周公庙祈子庙会中后稷感生神话衍生的行为叙事》(《民族文学研究》,2015 年第 6 期)

《地方纷争背景下的"神话主义"——以武功后稷神话为对象》(《青海社会科学研究》,2015 年第 6 期)

《姜嫄与后稷文化的碑刻民俗志——以岐山县周公庙的碑刻文献为研究对象》(《民族艺林》,2015 年第 1 期)

《蒲剧展演情境中的"神话主义"——以山西稷山的〈农祖后稷〉为研究对象》[贵州民族大学学报》(哲学社会科学版),2015 年第 3 期]

我原本想借此出版机会,将各方面的所思所得全部囊括到书稿中,但操作起来才发现,很多想法已经另成专题,若强行添加恐怕会令本书内容变得芜杂不堪。因此在后记二中将名单罗列,或是草棍,或是木棒,或是金槌的撞钟之声汇聚于此,是"大珠小珠落玉盘"还是"五彩拉皮",有实物可见,印刷成白纸黑字的著作自有它的命运。

　　自 2002 年读研以来，无论是求学还是工作，我始终与民俗学和民间文学的专业书籍相伴，"撞钟"之旅如人饮水，冷暖自知。当初，顾颉刚先生看到郑樵《通志·乐略》中论《琴操》的一段话"虞舜之父、杞梁之妻，于经传所言者不过数十言耳，彼则演成万千言"，深有触悟，后来做成了著名的孟姜女故事研究。对于顾颉刚先生的研究历程我颇有共鸣，后稷传说研究就是一个"挖深井"的过程，地下或有汩汩清泉，可能因为天资愚钝，未得挖掘诀窍而仅仅是挖了一口仅供暂时饮水的浅井。

　　读书如何获得"金槌"？唯有勤奋，别无他途。2006年，我在中央民族大学攻读博士学位期间，恰逢林继富老师在中央民族大学民族学博士后流动站工作，当时林老师已公开发表了 60 余篇论文，累累硕果当然是读书之后厚积薄发的结果。恩师邢莉教授嘱咐我们以小林（邢老师称呼林老师）为榜样，向他看齐。于是当时暗下决心，勤奋读书，坚持写作，一定要公开发表论文 60 篇。2012 年，我在发表了 60 篇论文之际与林老师交谈得知，他当时已经公开发表了论文 200 余篇。由此看来，学无止境，追逐"金槌"是"永远在路上"。

　　近年来读到万建中老师关于"民间文学就是民间文学生活"的论题，颇有获得"金槌"之感。"民间文学作为一种具有审美效应的日常生活形态，往往与其他的生活形态融为一体。民间文学区别于作家文学的本质在于其具有'情境性'（situatedness），或者说是在特定的生活场合中表现出来的。民间文学的演述始终与某一生活情境联系在一起。民间文学与生活情境之间的联结最为牢固，同时也具有多向度的社会意义。只有在民间文学演述的各种因素的关联情境中得以从头至尾的过程之中把握民间文学的生活形态，民间文学才得以被全面理解。"（万建中老师语）结合此观点对应现实生活，一则我与朝戈金老师、毛巧晖老师之间的趣事可为该论点添加一例生动的注释。若干年前，我陪同两位老师考察重庆大足石刻，路途遥远，将近中午才到达大足地界，找了一家名为"邮亭鲫鱼"的小饭店吃午饭，考虑到是中午的简单便餐就没有点酒水。朝戈金老师于是说："在田野考察期间饮食方面一定要注意，一不能吃带馅的食品，因为原料来源不能保证；二不能吃凉菜，因为菜品的保质期不能保证；三吗，有白酒的话要喝一口——消毒！"朝老师结合现场语境演述了民间故事的"三段式"叙事模式，引得我们大笑。此语一出，作为学生的我们当然知晓朝戈金老师的爱好和酒量，立即招呼老板："酒、好酒、上好酒。"师生之间的趣事未尝不会给学术研究带来启迪，"民间文学生活"确实为民间文学研究展开了最为广阔的研究视角。回顾后稷传说研究，对后稷的"三弃三收"情节确实仅仅是进行了"掉书袋"式的"三段式"叙事结构的分析诠释，而缺少"民间文学生活"视野的观照，不失为一种遗憾。

关于书稿的不完善之处，我在博士学位论文的"后记"中有所自述："（博士学位论文写作）虽然经历了'狗耕田'式的艰辛努力，但成稿的博士论文只能算作一个阶段性学习研究的作业汇报而已。当然，初生的婴儿是不美的，婴儿的第一声啼哭并不是歌唱，只能发出嘹亮的声音，昭示着一个生命的诞生与存在，这也仿似博士学位论文的意义吧。"我的妻子陈曲博士对我的博士学位论文熟稔于心，在审阅了这份《后稷传说的多元化叙事与选择性记忆》书稿后，戏言"此书可与你博士学位论文成为姊妹篇，哭声连连、哭声阵阵、哭声嘹亮，狡兔三窟（哭）"。面对妻子"金槌"般的敲打，我只好引用"尽吾志矣而不能至者，可以无悔也。其孰能讥之乎？此余之所得也！"（北宋·王安石《游褒禅山记》）作为遁词予以搪塞，而陈曲却引用"每念斯耻，汗未尝不发背沾衣也"（汉朝·司马迁《报任少卿书 / 报任安书》）予以回复。此番关于书稿的评述对话，再联系同事关于我们夫妻二人"士心陈情表，水清曲江行"（刘刚老师语）的评价，叙事文本、叙事事件、被叙事事件等因素构建成一则完整的故事讲述事件，无论是"铁扫帚刷铜锅"还是"金槌撞钟"，总之可以纳入丰富多彩的"民间文学生活"吧。

"金槌""金蔷薇""金苹果""金羊毛"，生活中的美好事物多与"金"有关，在多年的求学与工作过程中，我有幸遇到了很多金子般珍贵的老师和朋友，谢谢你们的帮助，此处就不再罗列一长串的名单，我相信金子般的老师和朋友，一定会感知我真切而柔软的拳拳之心。

硕士—博士—博士后，讲师—副教授—教授，儿子—丈夫—父亲。多年来一步一步拾阶而上，个人身份也仿佛经历着"草棍""木棒""金槌"般的变化。儿子王子墨与女儿王一荷分别于 2014 年 11 月 29 日、2019 年 3 月 28 日加入了我们的大家庭，"清、荷、曲、墨"四音组合成功汇聚，生活有幸福亦有痛苦，在 2019 年 4 月 22 日小女尚未满月之际，劳累一生的家母仙逝，无尽的思念萦绕于心，祈祷天堂不再有病痛。母亲始终以儿子成为一个"读书人"而自豪，在博士学位论文出版之后，识不得多少字的母亲将书籍封面反复摩挲，珍爱至极，儿子成了"写书人"的幸福感溢于言表。三春之晖，寸心难报，我唯有肩负"学有大志、明月清风"（邢莉恩师语）的厚望，将"鸿鹄之志"（江帆恩师语）铭记于心，"冰雪之清"（江帆恩师语）地执着前行，"踏踏实实地做人、做事、做学问"（曹书杰恩师语）。

王志清
2020 年 6 月 1 日儿童节记于万州南浦苑"清荷曲墨"居